*Αρχαία Ελλάδα-Αρχαία Κίνα*
*Παράλληλη Φιλοσοφική Σκέψη*

# 当苏格拉底遇上孔子

## 希腊与中国思想家的跨时空对话

Χρήστος Καφτεράνης

【希腊】赫里斯托斯·卡夫德拉尼斯 著
刘瑞洪 译

花城出版社
中国·广州

图书在版编目（CIP）数据

当苏格拉底遇上孔子：希腊与中国思想家的跨时空对话 /（希）赫里斯托斯·卡夫德拉尼斯著；刘瑞洪译. — 广州：花城出版社，2023.1（2024.3重印）
ISBN 978-7-5360-9801-5

Ⅰ.①当… Ⅱ.①赫…②刘… Ⅲ.①思想家—人物研究—中国、希腊 Ⅳ.①B1

中国版本图书馆CIP数据核字（2022）第193048号

合同版权登记号：图字19-2022-116号
Αρχαία Ελλάδα-Αρχαία Κίνα Παράλληλη Φιλοσοφική Σκέψη
by Χρήστος Καφτεράνης
Copyright ©2018 by Χρήστος Καφτεράνης

出版人：张懿
策划编辑：林宋瑜
责任编辑：林菁　杨柳青
技术编辑：凌春梅
封面设计：钱珺
内文插画：丝塔玛蒂娜·杜楚丽

| 书　　名 | 当苏格拉底遇上孔子：希腊与中国思想家的跨时空对话 |
| --- | --- |
| | DANG SUGELADI YUSHANG KONGZI: XILA YU ZHONGGUO SIXIANGJIA DE KUASHIKONG DUIHUA |
| 出版发行 | 花城出版社 |
| | （广州市环市东路水荫路11号） |
| 经　　销 | 全国新华书店 |
| 印　　刷 | 佛山市浩文彩色印刷有限公司 |
| | （广东省佛山市南海区狮山科技工业园A区） |
| 开　　本 | 880毫米×1230毫米 32开 |
| 印　　张 | 8.5 1插页 |
| 字　　数 | 130,000字 |
| 版　　次 | 2023年1月第1版 2024年3月第3次印刷 |
| 定　　价 | 49.80元 |

如发现印装质量问题，请直接与印刷厂联系调换。
购书热线：020-37604658　37602954
花城出版社网站：http：//www.fcph.com.cn

认识自己的无知就是最大的智慧。——苏格拉底

知之为知之，不知为不知，是知也。——孔子

# 序 言

从古代社会的神话及宗教迷信阐释到当代全球一体化理论，总有一些核心思想问题在反复出现，并寻求着新的解答。

什么是国家与政治统治？什么是法律与规则、公平与不公、道德与正义、经济与财富再分配、社会动荡与国家暴力、战争与和平？什么又是构成与真实人性和睦共处的真正价值体系的基本原则？

社会的有效架构和公平运行，人类与触及其内心世界的陌生及未知事物之间的关系，均取决于我们的回答。

所有上述问题,加之与自然及宇宙奥秘相关的问题,令全人类为之苦苦思索,无论你来自何方,也不论你是智者贤人还是普通百姓。

无论从文化实力还是从自身运气及老天惠顾来看,从时间黎明初现的那一刻起,希腊和中国就发展起了各自的灿烂文明。这两个文明呈现出诸多共性,在历史的长河中生生不息,在从古至今的岁月中烙上了鲜明的身份特征。

在华夏大地上,孔子之前的众多思想家兴许未能青史留名,其命运与苏格拉底之前的希腊哲人如出一辙。但不容置疑的是,那些来自宫廷和列国的智者和文人,为未来创造并积累了巨大的精神财富。

然而,从孔圣人时代起,各路文人开始声名鹊起,纷纷推出各自的思想主张。有谁不晓老子对自然法则的信仰?又有谁不知孟子对正义及道德的专修?在讲授人文学的课堂里,怎能回避中国政治现实主义的思想家及教育家荀子?韩非子的《主道》,难道不能与亚里士多德的《政治学》和卢梭的《社会契约论》相提并论?每当论及世界史写作,能够遗漏司马迁吗?在任何一所军事院校或企管学校，又怎能忽略对孙子的研究？谈及现代政治学，可以无视法家的商鞅？赞美理想远大的革命者，又怎能忘记主张"兼爱"的墨子？而当你怀念过往的"黄金年代"和远去的纯真年代时，眼前定会浮现庄子描绘的情景，人们"爬上树观赏鸟巢，鸟儿却不会受到惊吓"。

与中国的这一时期大致相同，即公元前6至公元前5世纪，在广袤的希腊大地上，人类思维攀上了创造的巅峰。苏格拉底之前的哲学家、毕达哥拉斯、赫拉克利特，携同德谟克里特、巴门尼德、阿那克西曼德、阿那克西美尼、恩培多克勒及其他众人，打开了自然科学、数学、几何学、哲学及政治学前所未有的视野。苏格拉底的出现，正如中国孔子的诞生，为探讨哲学及人与社会的和谐，带来了清新的气息。希罗多德记录了"希腊人和异族人的丰功伟绩"，为后人留下了一份宝贵遗产。柏拉图继承并深究了恩师苏格拉底的思想路径，将政治哲学写成了地道的理想诗文。亚里士多德将现实主义、逻辑及中庸引入科学和政治学。普罗泰戈拉率领着古希腊智者及启蒙运动，革新了政治架构的理论体系。

色诺芬深究并传授了军事战术经验,而修昔底德则借助伯罗奔尼撒战争,撰写了一部"不为一时痛快,而为后人应对未来类似事件提供有益借鉴的"历史著作。安提斯泰尼通过其惊世骇俗的犬儒行为,令我们想起这样一句话,"财富不过是人在遭遇海难时可以带走的那点东西",即人的精神修炼及完善。

毫无疑问,中国和希腊这两个文明古国,在同一历史时期,带着同样的人类忧患,带着同样的人类激情,带着同样的人类诉求,将思想的光芒射向九霄。

《当苏格拉底遇上孔子——希腊与中国思想家的跨时空对话》一书,是对人类两个不同地域及文化圈的比较论述,力求通过对应思想家的思想对话,发现他们之间的共同关注、平行思路以及相同和差异。

此书的创作动机,并非源自文化傲慢的狭隘逻辑,而是为了昭示某些原则和价值的普遍性,使得我们更加清晰地认识政治哲学及适用政策的普遍规律。因为,我们所处的世界,过去是、现在依然是所有民族和国家共有的世界。我们必须秉持共同家园的理念来治理这个世界。

当今，地球正因气候变化而趋于毁灭。身处其中，我们每个人都是见证者和参与者。人口迁移一发不可收拾，而人类社会并未以应有的谨慎和清醒对此做好准备。财富分配不均，将越来越多的人推向贫困的边缘。战争与冲突的导火索四处蔓延。

毋庸多言，人类有必要加强努力，重新认识事物的真实面目，并以当今世界的需求、价值及理想为基础，重新整合我们的时代、经济和规则。我们还须密切关注我们的人民。因为，人民才是事情难易和成败的关键。

面对这样的共同努力，希腊和中国有责任敢为人先，各抒己见，以时代眼光重新审视各自历史所承载的厚重文化，进而以现实材料架起一座沟通与合作的坚固桥梁。

社会党国际主席、希腊前总理<br>乔治·帕潘德里欧

## 目 录

001 引言

003 毕达哥拉斯—墨子

033 赫拉克利特—老子

051 普罗泰戈拉—商鞅

077 希罗多德—司马迁

121 苏格拉底—孔子

141 修昔底德—韩非子

173 安提斯泰尼—庄子

191 柏拉图—孟子

209 色诺芬—孙子

233 亚里士多德—荀子

254 译后记

# 引 言

中国和希腊同属历史发展从未间断的国家。从古老中华的三皇五帝和古老希腊的神话英雄直至今日,这两个伟大民族,在数千年的时间长河中,在抵御其他新兴社会势力并最终取得胜利的斗争中,得益于文明的深厚积淀,显示出百折不挠的抗衡力和逆转力。

研究古代中国和与之相对应的古代希腊文字,纵览一批这两个古代民族的杰出思想家,证实了他们的思想具有惊人的相似和相同。

本书围绕某个特定历史时期(公元前6—前3世纪),看似从未交集的两个地理人口及文明圈,试图采用两两对应的思想家对话的方式,初步探讨他们之间的共同路径、交汇、差异、身份、对称、对比、相似、相同与分歧。我们将10位中国古代思想家与10位希腊古代思想家配对，并紧扣同一个核心主题，通过分析比较，探索他们共同关心的哲学领域。这一核心主题就是墨子与毕达哥拉斯的博爱、赫拉克利特与老子的宇宙自然流动、希罗多德与司马迁的历史讲述、普罗泰戈拉与商鞅的法、孔子与苏格拉底的伦理道德、安提斯泰尼与庄子的自然与超然的关系、色诺芬与孙子的战争谋略、孟子与柏拉图的公平正义、亚里士多德与荀子的哲学现实主义，以及修昔底德与韩非子的政治效力。

  我们的尝试得到了古希腊启蒙思想和古希腊智者贤人的理论支持："大自然永远一视同仁；在她面前人人平等。""神不让任何人成为奴隶；他让所有人获得自由。"由此可见，无论地域及其他差异有多大，无论遇到多大的艰难险阻，全世界各族人民都在努力解答同样的问题。

赫里斯托斯·卡夫德拉尼斯

# S

毕达哥拉斯—墨子

毕达哥拉斯

墨子

时至今日，生活在希腊乡村的长者仍然会告诫年轻人，"不要用刀具挑旺壁炉或火盆里的火焰"；在乡下的农舍里，人们也听惯了"不要杀死栖息在房梁上的蛇"。透过这种听似预防性或迷信般的言语，一种独特、睿智的民间传统悉心守护着它所珍视的一切，世代传递着上述毕达哥拉斯（Pythagoras）的警示。"不要火上浇油——不要煽动即将熄灭的仇恨"，是对第一条劝诫的注释；"不要伤害跪地求饶的敌人"，则是对第二条劝诫的注解。当然，毕达哥拉斯的诸多言论如今早已脍炙人口，成为世人语言表达的共同财富，因此无须对它们另做分析，比如，"良好的开始是成功的一半""生命归功于父母，幸福归功于老师"。而后者的典型代表，正是亚历山大大帝与其恩师亚里士多德。

毕达哥拉斯出生在希腊萨摩斯岛的一个富裕家庭。据民间传说，德尔菲神谕所很早就准确预测出了他的来世。毕达哥拉斯人格魅力中的优雅、恬静和涵养，在其日后的人生旅途中熠熠生辉，并以独特方式给世人留下了无限遐想，甚至被誉为北端民族的阿波罗（Hyperborean Apollo）。毕达哥拉斯早年拜师于弗雷吉迪斯（Ferekidis，古希腊哲学家）、阿那克西曼德（Anaximander，自然哲学家）和米利都的泰勒斯（Thales of Miletus，爱奥尼亚学派创始人）。此后的20年间，他不停地游走于埃及人、叙利亚人、腓尼基人和巴比伦人……这些远古先民的后人中，近距离地接触、了解和探究他们中的众多祭司、巫师、神秘师、占星师、自然学家、几何学家和数学家。

终于有一天，毕达哥拉斯决心离开家乡萨摩斯岛，动身前往下意大利。此前，他早已充分领略了时代的杰出精神，深刻感悟到慵懒的岛屿民风以及波利克拉特斯（Polycratis）暴政给本身狭隘的小岛带来的精神窒息。而在下意大利，即通常所说的大希腊（Magna Graecia，西西里及南部意大利的希腊殖民地的统称），空气清新爽朗，不同民族及文化在此汇聚一堂。人们自由讨论哲学，大胆尝试政改。而所有这一切，在希腊本土有组织有计划、狂热偏执的政治利益集团的夹缝中根本找不到立足之地。毕达哥拉斯最后落脚在克罗托内（Croton，南意大利的沿海古城）。在此，他敏锐捕捉到一件件新鲜事物，并清楚意识到这里才是自己大展宏图的沃土。

面对神与人，毕达哥拉斯始终将人的高尚情操和理性精神置于优先地位。他号召人们努力发掘城市、种族、社会及政治群体之间相互冲突的平衡线，找出不同区域人群之间相互尊重以及和谐共存的共同点，从而树立保障秩序、顺序与和平的支撑点。他坚信，"世上没有比无政府状态更糟糕的事情了"。

当然，毕达哥拉斯对人性从来不抱幻想。他心里非常明白，世人为何要去歌颂萨拉米纳的诗人伊波达曼塔斯。此人曾写下这样的诗句："噢，神啊，你来自哪里？又为何如此辉煌？人啊，你来自何方？竟落得如此卑劣？"毕达哥拉斯确信，忽视对人的管教和关怀，任其为所欲为，就一定会使他走向邪恶与罪孽。人性不过如此，一旦丧失监管，就将无可救药。为此，毕达哥拉斯坚定主张，在任何情况下都不能放纵贪欲和私念，同时还要打造一个组织严格、纪律严明和民众信服的监管机构和合法政权。

他以身作则，教导大家以诚相待，和睦相处；对神灵要心怀虔诚和敬畏，相互尊重对方的宗教信仰；在哲学探索中启迪心智，保持灵魂与肉体的内在平衡；头脑清醒，谨慎行事，严防荒谬肆虐；公民们都有健康的法理意识，互爱互助；不同的族群都能奉行中庸准则，男人尊重他们的妻子及其家庭成员。毕达哥拉斯还认为，傲慢、奢侈以及蔑视法律都会导致公平的丧失。因此，他每日坚持开导大家助力法律，抗争不公，不要做寻衅滋事的低俗事情；遵从节俭和清醒的生活方式，远离享乐、贪婪和放纵。

曾几何时，克罗托内人向毕达哥拉斯讨教，有什么好的建言可使他们受益，并一再恳求他一定要一五一十地讲给城内的贵族老爷们听。于是，毕达哥拉斯建议他们修建一所缪斯神庙，用来维系社会和谐。因为，这些音乐女神象征着团结、集体和共有。他还解释说，祖国是全体公民的共同遗产。因此，必须将治国大业托付给百姓认为能够为百姓着想的人，就好比百姓自个儿在参与国家管理一样。当然，为了实现这一目标，所有公民在法律面前都必须做到人人平等，尤其应当关注公平。他还说："必须采取一切手段，甚至不惜动用火和铁，从身体内驱除病魔，从灵魂中铲除愚昧,从肚肠中清除奢靡,从城市中消除动乱,从家庭中排除纠纷。总而言之,必须消灭所有的过度和无度。"

毕达哥拉斯认为,正义原则构成了所有公民拥有的共同及同等权利。他们似同体同心,彼此依存,相互关爱。在谈及同族或异族、自己或别人时,他们会一视同仁。不过,毕达哥拉斯也意识到,人生不是均等式,而是不等式。因此,在参与社会及政治事务上,仅就个人能力而言,不存在任何平均主义或调平概念。他认为,正确的评判通常应由专家决定,但此类人凤毛麟角。鉴于这种考虑,不应让所有人的意见或观点都来参与评判和决策,这当然也包括了群体意见。"别在意身边走过的人",毕达哥拉斯说,"不必随大流,也不要与之对立"。相比司法,毕达哥拉斯更注重立法。其功效就像一剂良方,对肉体及灵魂健康同时具有预防和治疗的双重作用。当时很多杰出的立法者都是他的弟子,例如扎莱乌库斯(Zaleucus)和哈龙达斯(Charondas)。

毕达哥拉斯果断推翻了独裁统治,平息了内乱,恢复了政治动荡后的社会秩序,将自由还给了被奴役的城市。

他还打压了各种违法行为，甚至化解了许多私人恩怨。面对那些主持公道、从不惹是生非的人，毕达哥拉斯始终表现为一位乐于合作的领袖楷模，而一旦遇见那些厚颜无耻、傲慢偏见的人，他却从不同流合污。他还时常劝阻人们不要活吃有生命的东西。在他看来，除特殊情况，不杀生是维护天下太平的一种修行。他说："只要你对屠杀生灵深恶痛绝，并视其为某种非法及非自然行为，就一定也会认同，杀人和参战都是极不公道的。战争是杀戮的孕育者和立法者，并伴随着杀戮日益升温。"

在社会实践活动中，毕达哥拉斯从来不是孤军奋战，而是将语言作为自己唯一的强大助手。正像许多世纪以后人们称呼吉罗拉莫·萨沃纳罗拉（Girolamo Savonarola，佛罗伦萨的政治家及宗教领袖）那样，他是一位"没有武装的先知"。毕达哥拉斯亲自创建了讲学堂"奥马科伊奥"（Omakoeio），一个由600名弟子组成坚强核心的兄弟会。他们聚在一起，恪守缄默，严守秘密，遵守会规；他们相互启迪心智，谈论哲学，强身健体，形成了一股强大的政治力量，唤起了民众的巨大响应；他们甚至有能力快速调动足够的力量，抵御突如其来的武装暴力和人身威胁。在西西里岛，毕达哥拉斯组织并领导了推翻暴政运动。在与暴君法拉里斯的较量中，他机智勇敢地挫败了对手的企图。试想一下，在当时的紧要关头，如果毕达哥拉斯的追随者未能及时识破暴君法拉里斯设下的谋杀圈套，并果断对其实行斩首，那么事态的发展就正好相反了。

众所周知，毕达哥拉斯酷爱音乐。在个人及集体的人格塑造和行为培养上，他赋予了音乐巨大的现实意义。而他本人也正是从天空、银河和星际的寂静中听到了整个宇宙发出的音乐的和谐与美妙。毕达哥拉斯毕生创作了许多不同的乐曲，用以抚平或消除欲望、悲伤、妒忌、恐惧、贪婪、放纵、麻木和暴虐，有的甚至被专门用来安抚心灵疾病、悲观绝望和剧烈疼痛。毕达哥拉斯意识到音乐所内含的安抚功效，因而将其纳入了社会及政治教育，以及药物及心理治疗中。他还特意为唤起激情和鼓舞士气谱写了乐曲，让音乐在战斗中振奋士兵的勇敢和顽强斗志。

在希腊神话及后来的荷马时期，由人按照人形和人意创造的神，居然居高临下，大权独揽，站到了人类的对立面。而人却以为自己也拥有神性。每当神遭到凡人的挑衅和抵抗，就会立刻露出狰狞的面目和不可一世的霸道。

在走向古典时期的进程中，由于受到爱奥尼亚及埃利亚学派（Eleatic philosophers）理性主义的影响，人们开始淡化神具人形的拟人化观念，重新打造出更抽象的神形。从此，神摆脱了人形特征和人性特点，在理想化的装扮下，演变成法理和秩序的道德力量；与此同时，之前人具神性的观念也遭到了抛弃。对神的敬仰，夹杂着恐惧，开始在社会法规及国家法律的设立中发挥重要作用。祭祀团体开始赢得巨大的政治权力，宗教迷信空前泛滥。

在这样的历史条件下，如果缺乏了无畏的精神魄力和睿智的政治自知，就无法对神灵提出异议和怀疑。进一步说，在公元前6至前5世纪那个哲学爆炸的年代里，这样的尝试是必不可少的。以人为本，关心和注重人类的生存环境，在此基础上探寻宗教的真实及实用价值，以理性思维将其视为以独特方式参与社会活动的文化习得，所有上述这些都进入了毕达哥拉斯的哲学思考范畴。

毕达哥拉斯其实是一个笃信宗教的人，但同时又是一个摆脱了宗教狂热、向往宗教恬静的人。他曾说："这话听来可笑。人们不从神那里，而是从其他渠道祈求幸福。这就好比王权统治下的人民，他们不向国王本人而向其臣属祈求恩赐。既然世上有神，且神是万物之主，那么理应向神祈祷。神会向所有得到他怜悯和关爱的人行善，反之则会施恶。"诚然，爱恨之间，神绝不会随心所欲。那些一生秉持公道的人才能安享神的恩典，而那些作恶多端的人只能领教神的惩罚。然而，纵观毕达哥拉斯的神学观念，我们不难看出，他的革新理念的前提正是他所主张的一神论思想。正如其弟子菲洛劳斯所说："万物之始就是神，即永恒、常驻、岿然不动的万物之主。他仅与自己相似，却与他人不同。"只要坚持这一点，就不会与奥林匹亚山十二主神及其他众多小神发生冲突；不仅如此，还会在重塑一个拥有理想与道德力量、打造宇宙秩序与和谐的神的抽象意义上，迈出大胆而明智的一步。

在教育及修养方面，毕达哥拉斯深受俄耳普斯密宗（Orphics）、埃及神父以及佐洛亚斯德先知（Zoroaster，古代波斯拜火教的创始人）的影响，因此他笃信灵魂不死和精神永存。这些思想又从一个侧面验证了他的上述信念。不仅如此，毕达哥拉斯还相信灵魂转世，即肉体死亡之后，不死的灵魂会转移到另一个人身上或动物世界的某个生命体中。而周而复始的转世投胎，则完全取决于人活在世上的生活方式。色诺芬尼（Xenophanes，小亚细亚的古希腊哲学家和诗人）曾经讲过一个脍炙人口的趣闻。撇开行吟诗人特有的说书风格不论，他似乎对毕达哥拉斯有关死后灵魂转世的看法抱有同样的看法。有一天，毕达哥拉斯在友人的陪伴下散步。突然，那人回过头，用手中的棍子挥打跟随在他们身后的一条狗。"快住手！"毕达哥拉斯喊道，"干啥呢？我仿佛听见一位旧日老友转世成狗发出的声音。"毕达哥拉斯认为，灵魂先于肉体而存在，又将后者视为某种信号（墓穴）、关卡或禁闭室藏匿于血肉之中，以便最终完成灵魂的救赎。它必须遵循神意，老老实实地待在里面，不可有任何逃匿，包括自杀在内的非分之想。此类行为均属大逆不道，且会受到严厉的制裁。所有活在肉体或禁闭室内的灵魂，只要秉持公道，敬畏神灵，最终就能脱离肉体，升入神的居所；反之，那些不守规矩、不在凡俗生活中追求净化和升华而在亵渎和罪孽中苟且偷生的人，必将被厄里尼厄斯（希腊神话中的复仇女神）捆绑并投入地狱；或像幽灵一样游荡在荒野之中，且不时出现在人们的梦魇中；或是预示着某种厄运，并随时光的流逝再次关闭在其他人或动物的肉体中——视不同道德水准而定，直到完成救赎，获得静谧及幸福世界中生命永恒的价值。

在授课讲学时，毕达哥拉斯从未低估抽象概念在普通民众日常生活中的实用性。他告诫人们一定要远离不公平。甚至宁可受到不公平待遇，也不可将不公平施予他人。为此，他始终坚守灵魂审判的信念。毕达哥拉斯的一个学生，来自色雷斯（Thrace）的奴隶扎莫克西斯，对老师的这一谆谆教诲深信不疑。当他获得解放回到盖塔（Getae，早年生活在多瑙河下游的色雷斯族的一支）部落后，立刻颁布了法令，希望借此培养公民的正直和勇敢。他说服大家相信灵魂是永存的，因此无须惧怕死亡，而应勇敢面对。曾几何时，克罗托内人突然大兴豪华墓葬和奢华葬礼。其中有个人传言，他曾亲耳听到毕达哥拉斯为此打抱不平，说什么奥林匹斯山上的神只会关注滥杀无辜者的动机，而不会在意受害者的感受。而与之相比，死神则乐见民间的哭泣和悲伤，并随时随地等待人们为亡灵供奉丰盛的佳肴和祭品。这就是为何死神哈迪斯（Hades）也被称为财神（Pluto）的原因。一般来说，死神更愿意让正常供奉的人多活几年，而偏偏喜欢捎带几个沉湎于奢靡丧葬的人去往下界，这样他就可以与之共享荣华富贵了。

较之日常语言，象征性及寓意性语言具有超凡力量，却在许多人的关联思维中大打折扣。因此，人们需要掌握丰富知识，学会关联思考和创意分析，明白开动脑筋和启迪灵魂，才能听懂毕达哥拉斯向世人讲述的语言。象征性隐喻往往会使语言晦暗；但只要采用关联性象征方法给予解释，就会茅塞顿开，心领神会。毕达哥拉斯的教诲正是具备了这种特殊的象征性。它看似某种精炼而机智的成语或谚语，如同皮媞亚（阿波罗神的第一女祭司）的神谕，用极简方式表达不同的象征性劝诫：不要越轨——不要违背正义；不要弄碎花冠——不要破坏整体；不要走到头再折返——生命不会重来；不要理睬飞到屋檐下的燕子——不要与爱说大话的人交往；不要轻易向人伸手——不要随意交友；不要在灰烬上留下水壶的痕迹——和解后尽快忘掉以往的分歧；不要破坏火炬的位置——不要让理性之光泯灭；不要往宝座上浇油——不要吹捧权贵；不要靠近醋罐——远离邪恶；桌上始终要有盐——永远按照正义原则处理问题；不要在人的足迹上摆放铁块——不要玷污人的名声；不要把整捆柴草扔进火里——生活应当节俭。

毕达哥拉斯精通数学和几何学。他用数字串起的长线编织着他的哲学思想。假设其他哲学家将水、气、火视为宇宙的起源或第一要素，毕达哥拉斯则认为，与数字相吻合的形式与内容才是宇宙的本质。透过人们观察、赞叹和发现的每一个和谐、秩序和礼仪，他看到了与每一个认知和真理所对应的数。因为，只有数才能精准确定事物之间的关系，并使之前的模糊不清变得清晰可辨。如今，毕达哥拉斯理论早已进入了全球的教育体系，但我们不得不承认，虽然过去了许多世纪，他的另一理论，即有关宇宙和谐的理论，却仍未透过那些有理数或无理数的对应而被完全认知。

墨子出生在鲁国，从小就未受到父母应有的关爱。他来自工匠世家，而他本人就是木匠。今天，如果现代行吟诗人罗德里格斯（Sixto Diaz Rodriguez）或小糖人（Sugar Man）知道墨子的话，一定会把他写入字里行间，并将他比喻为日落之国的耶稣。与孔子相比，墨子的思想从一开始就赢得了世人的普遍赞誉，其弟子也显然比孔圣人的弟子更有组织纪律性。可之后不久，他就没那么顺风顺水了。墨子也许开始苛求同时代人去接受一些难以认同的事物；而对于后者，这还不如去孔子那里轻松讨得一些更实在或更实用的东西。近代人文科学及历史研究，都对墨子给予了高度的评价和足够的敬重，对他的思想精髓给予了巨大的关注。然而，如果我们再深入思考，为何人们将墨子供奉在宗祠灵堂中、那个通常摆放弱者及受害人的救世主的位置上，也许就不难明白其意义所在，即儒雅的中国传统宝库赋予了墨子博爱使者的崇高地位。这是一种对身边普通人的真诚关怀，一种团结互助、无私奉献的兼爱。可就是这样一位使者，却一手把持神杖，一手紧握宝剑。

毕达哥拉斯将音乐融入了人类社会、政治、医疗以及心灵抚慰的活动中。他的全部哲学和实践都披上了音乐的外衣。墨子则不然。他拒绝音乐，坚持事物的实用性，由此引来了很多诧异和怀疑：像墨子这样一位利他主义的知识分子，怎么能够如此心胸狭隘地去看待音乐呢？对此，我们可以到当时中国的社会现实中寻找答案。墨子生活在群雄争霸的战国时期。到处是杀戮和死亡，百姓深陷疲惫、贫困和悲痛之中。在这种压抑环境下，所有飘过墨子脑海的乐曲都是不合时宜的。在王公诸侯的庭院里，贵族们歌舞升平，弹冠相庆；而那些被迫充军的农民，却在饥寒交迫的战乱中成片死去。众所周知，在古代中国，音乐总是伴随着盛宴、表演、杂耍和歌舞。"那些王公贵族们，如果心中装有百姓，"墨子感叹道，"就不会优先想到如何赏心悦目，阿谀耳朵，满足味蕾和享受肉体。所有这些只会断送百姓穿衣吃饭的后路。因此他们绝不会去热衷这样的狂欢。对我个人而言，我从来不会因为厌恶曼妙的音乐，或因舞蹈服饰不够精美，或因不馋美味佳肴而去谴责音乐。我这么做，皆因这些王公贵族与属下臣僚沆瀣一气，成日骄奢淫逸，沉湎于歌舞之中。他们根本无暇治理国政，任由社会动荡。而那些舞者呢？她们虽然不务农事，却要吃上等的食物，穿精美的衣服，以便炫耀婀娜的身姿。那些乐器也不是用水煮或泥捏的，而是动用国家财政做成的。为了抵消庞大的开支，只能靠搜刮民脂民膏。为了打造供自己逍遥出行的豪华车船，那些王公们疯狂地收赋纳税。我也不想随意谴责乐器，如果它们确实有助民生，或像车船那样实用。百姓需要有饭吃，有御寒的衣穿，有必要的休息时间。外族的侵略无法用音乐去抵抗，而那些本该从事耕地织布的男人和女人，如今却在玩弄音乐和乐器。如果大家都这样通宵达旦地歌舞升平，谁又能够在次日处理国政或耕耘土地呢？因此，音乐、享乐、奢靡、堕落、放纵、琴鼓、歌舞以及宫廷乐师、演员和丑角都必须被废除。"

我们不清楚墨子对数学和几何学的了解程度，是否也像毕达哥拉斯那样如此精通。有关这方面，人们至今未发现墨子的任何论著，也没有人提及此类论著。但是，从史书或其他文字记载中可以确定，墨子曾经是一位高超的防御武器工程师和设计师。联想一下具备同样优点的阿基米德（Archimedes，古希腊数学家及发明家），我们可以得出结论，墨子肯定具备了这两方面的专业知识。墨子哲学思想中所提及的数字对应，自然会将我们引到希腊哲学家感兴趣的领域。"杀死一个人，我们称之为凶手；杀死十个人，我们称之为十倍的凶手；而杀死100个人，则是百倍的凶手。一个占领者总共杀死多少人，就可以据此认定他是多少倍数的凶手。然而，此等恶人却总是被歌功颂德。这是怎样的道德变态啊！按照这样的逻辑，无数倍放大的罪恶，最后竟然成了善举！这不就等于默认，一个无数倍放大的黑点，最后竟然变成了白色！"

墨子生活在战国时期。为了消除冲突，制止战争，恢复秩序与和平，他怀揣谏言和宝剑，不停地奔走于诸侯和君王之间。为此，他缔造了属于他自己的讲学堂"奥马科伊奥"——三百勇士兄弟会。平日里，这些闻名遐迩的"飞骑手"刻苦训练，生活节俭，深受老师人文主义哲学的教诲；他们武艺高强，随时准备为战胜邪恶暴政而英勇献身。"在我们身边，随处可见攻击和侵略。放眼望去，到处是毁坏的庄稼、折断的树木、夷为平地的城墙和焚毁的庙宇；平民被肆意屠杀或被贩卖为奴，留下身后的孤儿寡母。而那些罪行滔天、罄竹难书的当权者，却在向他们的朋友大肆炫耀，借以博取后者的赞美！人类的道德怎能堕落到如此地步，"墨子扪心自问，"我们一边庆贺王位的窃取者，一边惩罚偷窃桃李的人！这也许是因为他们偷的是些一钱不值的东西。以往我们并不晓得，无数倍增后，黑变成了白，苦变成了甜，杀戮变成了美德。时至今日，当我们目睹当权者和政客们的所作所为，才清楚地意识到这一点！"

"我们不能只盯着个人荣耀和利益，"墨子继续说，"统治者的目标就是服务上天、群山、河流、灵魂和众生。谁做到这一点,上天就会回报他,灵魂就会使他富有,民众就会对他歌功颂德。可令人遗憾的是,在我们生活的年代,此类当权者凤毛麟角。相反,大多数统治者都在相互攀比,看谁毁坏了更多庄稼,砍伐了更多果林,屠宰了更多家禽,踏平了更多城池,杀戮了更多民众,牺牲了更多生灵。他们不以为耻,反以为荣。如果你四处攻城略地,却对耕耘毫不关心,那又有何益处呢?以往的帝王以天之名构建了统治权力,其目的就是为了治理好国家,耕种好土地。执政者的天职,就是要努力保护疆土,维持它们的初始状态。大国应该保护小国,面对分歧友好协商,相互给予帮助,在多灾的闰年相互接济粮食和果蔬。任何人都不要被个人至上所诱惑,以他人的痛苦换取自己的幸福。无论那些麻木不仁的政客是如何认定的,任何侵略和占领都是罪恶行径,都是有违公平正义原则的。"

强大的楚国准备围攻并占领弱小的宋国。墨子得知此事,便决定亲自前往规劝。历经了十天的长途跋涉,他终于抵达了楚国,随即要求约见楚国的幕僚公输班。后者问:"先生有何指教?"墨子答:"北方有人羞辱我,我想借你的力量杀掉他。""我是讲道义的人,绝不能滥杀无辜，"公输班回应。"那么你又为何要侵占宋国、草菅人命呢？"墨子追问，"难道说宋人伤害了你们？宋国是个小国，土地贫瘠，没有森林，除了少许野兔和狐狸，再无可供狩猎的野兽。而你们楚国则森林密布，动物繁多，麋鹿、犀牛、鳄鱼以及各种鱼类处处可见。作为一国之君，你已经拥有华丽的马车，为何还要去掠夺一个穷车夫的破车？""您说得没错，"在场的楚王打断墨子，"可是，公输班已经准备好了所有的攻城之需，并承诺一定会占领宋国。"

墨子站了起来，解开衣带，并用带子围成一圈，用此比作四面的城墙，然后顺手拿起一根木棍。公输班款款谈起他的攻城器械，而墨子则一一接招，前后九次都让公输班的攻城方略不能得逞。"我知道如何取胜了，可是我不会告诉你，"公输班只好出此下策。墨子再次接招："我也知道一个你无法取胜的方法，可我也不会告诉你。"楚王问墨子这到底是怎么一回事。墨子解释说："您的幕僚不过是想设套杀死我。而他却浑然不知，此时此刻，我的三百勇士正在禽滑厘的率领下埋伏城中。他们做好了所有的防守准备，正在城头上等候着楚国强盗呢。所以，即便杀了我，宋国的防御早已严阵以待。"楚王听毕，立刻召回了攻打宋国的命令。

墨子的意图是明白无误的：治人者应当责任在身。为了国泰民安，他必须弄清混乱的根源。这就好比医生，为了治病救人，他必须首先了解患者得了什么病。对于墨子而言，这个病正是兼爱的缺失。倘若统治者相互尊重，就不会诉诸武力；一个家庭关爱另一个家庭，就不会你争我夺；人们相互友爱，就不会待人不公；君主与百姓相互爱戴，就会各自信任对方。只要世间存在兼爱，强者就不会欺凌弱者，多数人就不会压迫少数人，富人就不会漠视穷人，大国就不会蔑视小国，聪明人就不会欺骗老实人。只要人间充满兼爱，仇恨、争端、纠纷、战争和毁灭就会消失殆尽。一旦遇上瘟疫、饥荒和灾难，一个人就能够像照顾亲生父亲那样照顾他人的父亲，像照顾同胞兄弟那样照顾他人的兄弟。假如每个人都能视别人的国家为自己的国家，视别人的家园为自己的家园，视他人为自己，假如尊重客观能够取代偏见，那么世间将恢复秩序与和平。

"好啊，政客们会说，兼爱确实不错，但不过是一个既遥远又难以实现的理想。他们会装出一副对民众有益或有害而毫不知情的样子。可是普通百姓却时刻必须面对是否要去围攻一座城池、参加一场战斗或牺牲个人生命的两难选择。一旦主子有令，他们也不得不赴汤蹈火。兼爱和互助就大不相同了。一个人爱另一个人，爱就会回到他身边；一个人对他人行善，善也会光顾他；一个人对他人施恶，恶也不会饶恕他。同样的情况也会发生在不公道身上。由此看来，还有什么难言之隐呢？简单说吧，如果执政者不懂兼爱，民众也不会将兼爱化为行动。政客们还会说，兼爱确实好，实施有难度，这就如同泰山无法撼动、济水无法喝干一样。毫无疑问，任何人都从未见过上述事情的发生。然而，兼爱和互助就完全不同了。由于实行了兼爱，以往的帝王建造了宏伟的工程，把劳苦大众从饥荒、洪涝、疾病和严寒中拯救出来。他们在山间修建渠道、涵洞、堤堰和水坝。这一切都是为了民众的利益，彰显出他们的博爱。而广大民众也会随之效仿，相帮互助。老实说，生活在今天，我也没有见过这些帝王的所作所为。但我们确实可以从竹简和丝帛上读到相关的记载，还会发现其中的一些被镌刻在了金属或石头上。这就是先人留给后人的不可磨灭的遗训。"

如果说克罗托内的豪华葬礼及哀悼仪式曾经风靡一时，并且得到了毕达哥拉斯学派人士的极力反对，那么，在墨子时代的中国，如此奢靡之风更是达到了登峰造极的地步。"民众的另一个灾难性需求，就是心甘情愿为统治者举办奢华的葬礼和长期的哀悼。为何要将如此珍贵的物品与权贵的遗骸一起下葬呢？如此豪华的墓穴和过度的哀悼又有何益处呢？"墨子心里想，"我们远古的祖先从来就不主张为死者铺张浪费，更不会去为此残害活人。过分的哀期只会破坏正常生育，减少家庭财富。在过去，遗体最多也就穿裹三层衣物，棺木的厚度也不会超过三厘米，至于墓穴的深度，只要不会污染水源和不会散发尸臭即可。可如今的统治者，撇开葬礼中极尽奢华的陪葬品不说，竟然要求参与哀悼的人断食，以致他们精疲力竭，无力站立，只能借助拐杖蹒跚而行。而这些可怜之人就这样抛弃了家庭家事，专事哀悼整整三年。所有这一切都是毁灭性的大错，根本得不到灵魂的祈福，只会得到诅咒。因为，其结果只会加剧贫困，导致人口锐减、相互残杀、家庭灭绝以及为了陪葬滥杀无辜。"

墨子和毕达哥拉斯都认为，神意决定了世界的格局，并一致认同人在现实生活中的主观能动性。而以宿命论为中心的听天由命,均不在他们的思考范围内。在这一点上,墨子的态度十分明确:"对一个帝王来说,宿命论无疑是巨大的灾难。盲目迷信命运,只会泯灭对神的信仰,夺走上天和灵魂对人的祈福。信仰任由命运摆布,就会摧毁道德,打击扬善惩恶的信念。宿命论者总是喜欢这样说,幸福毫无价值,苦难无法逃避。善待他人是无益的,虐待他人也是无害的。这种扭曲的信条只能让统治者心花怒放。因为,在这种信条的庇护下,统治者就可以为所欲为,无恶不作,并不再为自己的恶行感到羞耻和忏悔。由此可以得出结论,宿命论就是独裁统治者和绝望民众死抱不放的信条。因此,每一个追求人道和正义的人,都必须全力反抗它。"

与毕达哥拉斯不谋而合,墨子也将神视为一种法律、秩序、正义和博爱的道德力量。墨子是一神论者。在他眼里,神还具有惩恶罚过的职能。"在我们生活的年代里,如果还有一些人在正确规范自己的行为,那是因为他们仍然敬畏自己的家庭、邻居和官员。而良好品行中所包含的最大敬畏,莫过于对神的敬畏,即那个世界的主宰,那个时刻把森林、峡谷以及目光无法企及的地方所发生的一切尽收眼底的神。神扬善惩恶，热爱正义，鄙视不公。地球上所有的统治者都听命于神，并按照神的意志行事。帝王当然是人间最有权势的人，但在其之上还有神。帝王替天行道，而神一旦看到其意志得以执行，就会降福人间。我们的祖先深知此理，可我们却置若罔闻，因此必须重温这些真理。

"神愿意看到统治者施善于民，而民众也相互友爱，因为神爱戴所有人。神看到仁者就会说：此人爱我爱之人，造福所有我愿施善的人。因此，神就会推崇他。而一旦看到恶人，神就会说：此人恨我爱之人，对所有我愿施善的人胡作非为。因此，神就会羞辱他。这就是神的逻辑。但是，统治者却背道而驰，从不听从这一逻辑。神厌恶我们压迫民众，滥杀无辜。那么，面对侵略成性的暴君，神会流露出怎样的情感呢？统治者固然强大，却到处欺凌弱者；他们精明，却到处欺骗良知；他们残忍，在他们的心中从未有过公平和正义。

"这些恶人弹冠相庆，自鸣得意，满以为能够逃避惩罚。这真是天大的自欺欺人。一个人不按照神的意愿行事，或者违背神的意愿做了坏事，神也不会如人所愿，就会做出事与愿违的事情。神会将疾病、饥荒和各种传染病降临人间。我们的祖先深知这些，因此始终遵循神的意愿，以求获得幸福。但是，现在的人却完全不一样了。他们触犯神灵，犯下了不可饶恕的罪行。子不听从父命、官不听从主命，与之相比，这些罪人还要恶劣得多，因此最终必然走向灭亡。亵渎人的尊严，也许会一时逃生，但违背神的意愿，将永远不得拯救。"

墨子最终说服楚王放弃了进攻宋国的打算。在此之后，他在夜幕下回到了宋国边境。守疆的卫士却没有认出他是谁，便不许他进入宋国。在凄风冷雨的黑暗中，墨子熬过了整个夜晚。他不禁感叹："民众只能看见阳光照射下的事物，却看不清一个在神的注视下的行事人的价值。"

毕达哥拉斯没有允许那个病态及傲慢的教唆者、来自克罗托内的富豪库伦进入讲学堂，甚至不愿意搭理他。后者怀恨在心，唆使了一帮狂热的民众，借兄弟会聚会之际放火烧死了毕达哥拉斯的信徒。更为糟糕的是，克罗托内的民众对此竟然熟视无睹。

毕达哥拉斯和墨子同处在灵魂云集的天国里。在漫长的时光隧道中，他们一定会遇见那些曾经为战胜邪恶与暴力、将和谐与兼爱带给人间而毕生奋斗的灵魂——基督、圣·乔治（St.George）、切·格瓦拉（Che Guevara），以及其他许许多多默默无闻的英灵，并将携手得出他们之间共同的结论。

# S

赫拉克利特—老子

赫拉克利特

老子

"受洗之前你叫什么名字？"禅宗问。赫拉克利特？老子？抑或老子、赫拉克利特。当我们并不知晓某位思想家的名字时，其思想分量到底有多大？"同一条路可上行，亦可下行"，倘若我们忘掉这句名言出自赫拉克利特（Heraclitus），它又将如何被解读？同理，假如我们撇开"道"这个字与老子的关系并将之独立看待，其含义又将如何演绎？在人类历史的长河中，曾经多次呈现这样的情景：有关宇宙的思辨跨越千山万水，超越地域局限，奇迹般地隔空相聚了。而其中之一就发生在公元前6世纪。它将华夏大地一个名叫河南的省份与希腊古风时期小亚细亚的埃菲斯（Ephesus of Asia Minor）紧密联系在了一起。此次双方并未谋面的主角，就是希腊的赫拉克利特和中国的老子。

"我来自大海，来自爱奥尼亚"，在影片《流浪艺人》中（希腊导演安哲罗普洛斯执导的影片），面对纳粹党卫军的枪口、即将走向刑场的夏索斯表白说。"你们呢？你们又来自哪里？"他接着问道。爱奥尼亚（Ionia），小亚细亚的希腊沿岸，公元前6世纪哲学诞生的摇篮。在那里，科学思辨曙光初现，抽象思维异军突起，人类踏上认知宇宙的征程，努力探索宇宙的规律。还是在那里，头脑、存在、物体、绝对、虚无、万物、无限、规则和永恒，此类抽象名词及概念纷至沓来。在这片土地上，种种自然因素——火、水、风、土汇聚一堂，被用来揭示宇宙的奥秘。同样在这片土地上，一个个伟大形象横空出世，耀眼夺目：泰勒斯（希腊古风时期哲学家，米利都学派创始人）、阿那克西曼德（泰勒斯的弟子及传人，首次提出无限概念）、阿那克西米尼（Anaximenes，米利都学派哲学家，主张物质一元论）、色诺芬、赫拉克利特、毕达哥拉斯、巴门尼德（Parmenides，前苏格拉底哲学家）、芝诺（Zenon，巴门尼德伊利亚学派的成员）、恩培多克勒（Empedocles，毕达哥拉斯学派哲学家）、阿那克萨哥拉（Anaxagoras，爱奥尼亚自然学派哲学家）、留基伯（Leucippus，古希腊哲学家）以及德谟克里特（Democritus，留基伯的学生，原子唯物论创始人之一)。

根据第欧根尼·拉尔修(Diogenes Laertius,罗马帝国时代作家)的记载,赫拉克利特生于公元前540年,孩提时代就流露出神童的潜质。还在少年时期,他就坦言自己一无所知,而成年后则宣称自己无所不知。埃菲斯人请求他参与立法,他却置若罔闻,甩手走向阿尔忒弥斯神庙,找他的小伙伴玩掷骨牌游戏去了。有一天,埃菲斯人聚在一起,团团围住了赫拉克利特。"你们这群悲悯之人,为何如此忧心忡忡?难道喜爱玩耍、无暇国事不是更好吗?"话毕,他扭头向群山走去,根本不想搭理那些人。赫拉克利特的论著《论自然》是专门为阿尔忒弥斯神庙创作的。他刻意采用了一种独特的写作方法,目的就是为了只让懂智慧的人看懂。

老子生活在公元前6世纪的中国。历史学家司马迁曾说,他出生在现今的河南省一带,很长一段时间在周王室任守藏室之史。据史书记载,老子年迈时厌倦了周边的人和暴力的社会,于是骑上一头青牛,西出函谷关,希望独自一人度过晚年。却不料一个守疆卫士认出了老子,于是恳请他为了国家利益,用文字留下他的学说和智慧。我们这才有了如今的《道德经》。

老子的"道"与赫拉克利特的"理"（Logos，源自古希腊语Λόγος，中文又译为"逻各斯"）。老子说，"天地万物皆为整体。宇宙之始即万物之母。"赫拉克利特亦有同感，"如果你们仔细聆听，不是听我，而是听理（Logos），就会智如泉涌，认同万物皆为一体。"在赫拉克利特和老子看来，物理学与后物理学（形而上学）之间并没有什么区别。抽象思维往往会导致对多样性表象的否定，转而进入对万物归一的实质性冥想。在赫拉克利特和老子眼中，所有的条条框框和灰色地带都不复存在。万物皆为一体。道生一，一生二，二生三，三生万物。

根据远古的吠陀传说，宇宙诞生于声音，声音被刻画为"常在和常新"，同时也被视为创世的成因。它更多属于神明的语言，而非人类的语言。如同赫拉克利特努力揭示的那样，它是一种能使生命生生不息的理（Logos）。而正是"理"的发声，构成了创造世界的唯一理由。第一个声音产生于瞬间之外，产生于时间之外："那时，现在的此物非此物，现在的非此物亦非此物。"万物皆流，无物常驻。而人类则构成了浩瀚宇宙宏观与微观世界的连接点，构成了宇宙声音和"理"转换为词语的稳固基础。这些词语的根本目的，就是要诠释和表述存在、一种期待理解和被理解的存在。人类通过思维和语言努力阐释世界的意义。一个过往宇宙混沌的画面渐行渐远，宇宙秩序的必要性呼之欲出。人类的存在构成了衡量宇宙万物的尺度。不仅如此，它同时也在探寻中庸与和谐的尺度本身。这一探寻界定了人类的活动内涵，并最终引导人类走向幸福美好的生活（古希腊语：ευ ζην）。思想的重心和方向在转移，观察者同时成了被观察者，问题的对象也在转换之中。什么是人的本性？什么是幸福的特征？哪些方法和手段可以获得幸福？完美的生活是什么？理想的国家又是怎样？国家内部的和睦共处又如何得以保障？什么是美德的内涵？善与美又如何定义？人类的不懈追求，始终以人为本，构成了人类与超然、微观与宏观、短暂与永恒的互通跳板。通过人类的思维活动，存在被意识所捕捉，从而重返生命的生成法则。

人自从来到这个世界上，便开始努力寻找自身的位置，发现自己的目标及其存在的实质。在茫茫宇宙的黑暗中，他上下求索，而其拥有的唯一武器就是质疑。"影子，有关一个影子的认知。为了求知，你必须上路，"此时此刻，我们仿佛听见埃兹拉·庞德（Ezra Pound）的声音，"没有黑暗，只有无知，"诗人又说。

赫拉克利特剖析了人类的无知，表达了他长期以来对人类自我中心存在，以及对人性一旦脱离脐带（一根曾经把人性与事物本质以及统一及超然的"理"紧密相连的脐带）的困惑。"'理'无处不在。可是，无论是在听到它之前，还是第一次听到它，人都未能领悟它，"赫拉克利特明确指出。一旦离开存在的母体，人的个体便开始摆脱"永恒"的束缚，自以为是，随即跌入个人的语境。在接触外界事物的同时，他的心胸和视野开始变得狭隘，他的目光逐渐从事物本质游离至事物表象。因为，"尽管'理'是一种普遍存在，可大多数人却都活在自我的藩篱中。"我们时常也会听到老子如是说："人们往往生活在无知中。其实我的话很好懂，也好用。可是，天底下却没有人理解或采用。我说的话源自远古，我的行为也是有律可循的。但由于人们不理解我，他们才忽视我。"

在探索宇宙万物的征途上，两位智者都自觉抵制了个人至上和自我膨胀，并全力阻止它们在认知世界的进程中抢占地盘。我们本身并不了解这个世界,而是这个世界,即创世本身,在特殊条件下允许我们去了解它。认知世界的唯一前提,就是要舍弃自我,与世界融合,开启封存已久的存在,放弃对自我意志表象的无益依赖。无论怎样尽力,人都无法摆脱他与万物的内在联系。哪怕身陷无知状态,他都不可逆转地与宇宙万物及规律紧密相连。换言之,"面对永远不会消失的宇宙,一个人如何才能躲藏起来?"赫拉克利特问道。宇宙是一个稳定的支点,不可逾越的规律。它就像永远不死的峡谷之精气,永远不会消失,也不会被遗忘所唾弃。"这扇峡谷的大门,看似若隐若现的薄雾,实乃天地之根基。紧随它,就永远不会犯错。"老子插话说。任何人违背了这一规则,并情愿给自己戴上自我为大的枷锁,都将置身于存在与虚无相交的危险境地。"所有无法认知真'理'的人,就算听到了,也会装聋卖傻。他们表面在场,其实并不在场。"赫拉克利特一语道破。

然而,自然界的规律是如何体现的?真实的世界又是如何呈现的?人们日常面对着什么?又该如何看待身边的世界?生活中的每一天,人们都会面对一种二元现象,上下、左右、冷暖、喜忧、生死。每一个事物的偶极子构成了破碎及混乱表象的宇宙真实。一个人如何才能找到那根引领的线头，并在无常无序的世界中给自己定位和定义？"对立皆统一。相互对立的事物可以产生最美妙的和谐。"赫拉克利特回应。"要收敛的，必先张弛。要削弱的，必先加强。要废弃的，必先兴盛。要夺取的，必先让与。这就是事物的自然法则。"老子附和道。

对事物差异性的感觉仅仅是一种表象。实质上，每一个偶极子都构成了某种从微观到宏观、贯穿及超越宇宙万物、隐而不见却能量统一的有力证据。"相互之间的关联，整体与局部，相向与反向，同声与异声，万物归一，一归万物"，在同一个宇宙中，"雷霆运行着万物，至高无上及固若金汤的原生力凝聚并指引着万物"。按照赫拉克利特的说法，人类并不理解，事物的对立倾向其实是相辅相成的。这就是对立统一与和谐，如同弓与箭，琴与弦。

同样的思考也使老子得出了相同的结论："如果天下人都看到了美，那是因为丑的存在；如果天下人都看到了善，那是因为恶的存在。因为，有无相生，难易相成，长短相较,高下相倾,音声相和,前后相随。"

和谐、统一、顺应、循环及周而复始,这一切都具有一种特性,就像赫拉克利特所说,"喜欢藏而不露"。由此可见,"相比表面和谐,隐蔽和谐更强大"。而老子的一番话,虽不像赫拉克利特说的那样简短有力,却同样掷地有声:"看不见,因为无形。听不到,因为无声。摸不着,因为无法捕捉。这三者均不确定,所以才混而为一。天上未必光明,地下未必黑暗。一根难以表述、延伸不断的绳子。最终回归虚无。无状之形,无物之象;因此称之为难以捉摸和不可想象。迎之不见其首,随之不见其尾。"

这两位思想家都是谜语和谕言的大师,一位是享有"晦涩哲人"称号的赫拉克利特,而另一位则是以"太上老君"名闻遐迩的老子。尽管如此,他俩从来都不回避这样的现实:生活中时刻都要面对刚愎自用、声色犬马和利欲熏心的小人。"大多数人就像动物一样满足于温饱,但人不应该活在粪土之中。"赫拉克利特说。为了改变生活,寻找真理,让生命拥有价值,人类就必须进入到自觉状态。"我们不能像睡而不醒的人那样行事和说话。"赫拉克利特指出。"出生入死，属于长寿的人占十分之三，属于短命的人占十分之三，而那些本来可以活得长久、却自寻死路的人，也占了十分之三。这是为何呢？因为他们浑然不知如何养护自己的身体。"老子用他特有的表述方法肯定了赫拉克利特的说法。

只有踏上探寻真我的艰难之路，人类才能步入觉醒和愉悦的光明之道。我们在老子《道德经》的某个节点上读到："知人者智，自知者明。战胜别人需要力量，克制自己需要坚忍。""我在找寻自我"，赫拉克利特简洁有力的内心独白，同样回响在我们的耳际。可是，要想真正认识自己，就必须抛弃原有那个抹黑了眼睛和心灵、过分膨胀的自我，而必要的前提就是谦卑和俭朴。"一个人熄灭内心的自负，胜于扑灭一场大火。"希腊哲人继续说。针对同一问题，老子的表述更加富有诗意，却毫无异议，"当你承载着肉体和灵魂，将其合二为一，还能使其分离吗？当你精益求精，成为能工巧匠，还能貌似新生婴儿吗？当你想要澄清和照亮最初浮现的图像，又怎能做到完美无瑕呢？刚愎自用，就会丧失尊重；自我炫耀，就将一事无成；狂妄自大，就无法持之以恒。过度幸福未必好。

发声未必似玉，撞击未必如钟。"

除了沉睡和傲慢，人的贪欲也需要深刻反省。"一味满足欲望并不是件好事"，赫拉克利特说。对此，老子进一步表明，"没有比欲望更糟糕的了。只有摆脱欲望，我们才能窥见奥秘。欲望不除，我们只能看到表象。"

只有彻底战胜自我，将宇宙看作统一的整体，人类才能倾听部分的真实，才能破解存在和宇宙的符号。而获取这样的符号也并非易事，因为"德尔菲神谕所的主人不会明说，也不会隐藏，他只是用迹象来暗示"。

在此，名字和意义的力量几乎荡然无存。人类开始透过天生的直觉来接近这个世界，且超越了无所不知的虚假知识。"放弃你的学识、结束你的认知吧。是与否有何不同？善与恶有何不同？为何我要害怕别人害怕的东西？什么是胡说八道？"老子在追问的同时告诫世人，"在学习道的过程中，每天都有收获。在道的征途中，每天都在淘汰。而这一切，所谓博学的人是不知道的"。赫拉克利特对此也深信不疑，"博学并不能加深人们对事物的理解"。

既然万物归一，并且人类意识到了这一点，那种徒劳无益的博学及其导致的知识碎片又有何益处呢？按照老子的说法，我们切不可忘记，只有承认"宇宙永恒"以及"自古以来万物皆为统一"的人，才算得上是智者贤人："完整而清澈的天空，完整而稳固的大地，完整而强大的精神，完整而富足的峡谷，完整而鲜活的万物，完整如初的帝王，屹立不倒的国邦。一切归一。宇宙之始即万物之母。识母便能识子。"

在充分认知自我、万物及宇宙规律的基础上，人类就能够发现自身在宇宙中的地位，就能够跟随宇宙并与之并行，以和谐和中庸为中轴定位自我。因为，正如"太阳不会过度燃烧"，宇宙也不会超越自身的尺度和边界。而一旦人类从自身角度认识到自己与宇宙之间统一且不可分割的存在关系，就能够走向幸福。

超然，万物归一，自我认知，对立统一或通过和谐消除对立，尺度与法规并存。"道"与"理"相互借鉴。

赫拉克利特和老子属于同一个思想体系，起点一致，表达方法及方式亦大致相同。语言表达和逻辑思辨不受东西方地域的局限，而是不断受到人类的各种质疑以及迫切寻求答案的指引。换言之，正像路易·阿尔都塞（Louis

Althusser，法国哲学家）借助一个与这两位思想家截然相反的例子所说的那样，"某些人出发前往东方，却最终发现了西方的印度。"

至此，你也许会赞同，这个充满无限智慧、谜一般的象征性语言确实不错。但接下来你也许还会反驳，这样的神谕还须进一步解析，才能有助于人们下定决心。起码历史是这样述说的。在一个充满暴力和冲突的世界里，需要有人来维持秩序和顺序。倘若这都不是政治要做的事情，它还能做什么呢？

在道家眼里，政治就是权力和统治的欲望表达，是一种与人及社会"本性"背道而驰、不断镇压的恶性循环；就是不断追逐名利，专横跋扈；就是一块强权欺压弱者的地盘。因此，最好的办法就是远离政治，隐居寻道。然而，"政治"就在当下，因此老子及其道家弟子都认识到，对于社会运转来说，小范围的政治组织有其存在的必要。

可是，国家之人不能当权力之人，更不应贪恋权力。他应该通过培育和加强人的天然纯朴来实行管理。从政之人应该与民为善，中庸平和，致使社会自身发展并自动释放其自然本质，最终过渡到一个自我协调的自治国家。在这样的社会里，国家之人唯一要做的就是无为。"统治者越是花样百出，人民就越叛逆；法律和法令越是层出不穷，盗贼和抢匪就会泛滥成灾，"老子证实了这一点。"治理一个大国，简单温和即可，正如治大国若烹小鲜。"

赫拉克利特在其《论自然》一书中论述了宇宙、神学和政治，系统地阐述了有关政治理论的思想。可是，由于残存至今的章节极少，很难清晰、全面地展现出他所主张的国家组织。

从赫拉克利特残存的只言片语中，我们可以得出这样的结论，他认为冲突是有益社会进步的，也是社会永续的必然动力。就像后来的马基雅维利（Machiavelli，意大利哲学家及政治家）所思考的那样，因为"我们必须明白，战争是一种普遍存在，分歧也是一种正义。世上的一切都是根据分歧和需要实现的。"

赫拉克利特坚信一个真正的自由世界，一个民众身在其中，"如同保卫城墙一样守护其法律的国家"，它的优秀公民就是国家的管理者。但是，优秀并不源自财富或贵族血统，而是源自品格、美德和能力。当然，与此同时，"全体公民还须拥有自知之明和谨慎之心"。

赫拉克利特曾经鼓动埃菲斯城的所有成年人都去上吊自缢。他指的当然是所有人，包括贵族和贱民，富人和穷人。这就意味着，在赫拉克利特眼中，其中一定有其道理，埃菲斯的整个成年人社会都已彻底脱离了内在的"理"，因此也就丧失了正确组织并管理国家的一切可能性。"埃菲斯人啊，但愿你们财源滚滚，这样你们的狡诈心计才能脱颖而出"，赫拉克利特说出这句祝词时，心中一定藏有某些不为我们所知的隐情。

# S

普罗泰戈拉—商鞅

普罗泰戈拉

商鞅

商鞅出生于公元前380年。他的思想存留在了一部题为《商君书》的著作中。商鞅也被公认为是法治思想的奠基人。

从崭露头角的那刻起，在近20年的中国政治舞台生涯中，商鞅从未有过借助某种新思想、创建党派夺取政权的念头。他的真实意图，是要提出并完善某种包含合理体制和必要改革在内的政治方案，消除社会混乱、政治动荡和暴力泛滥，避免政治解体，最终统一分裂的华夏大地。

商鞅以一连串的问题拉开了改革序幕：人的本性是什么？如何才能实现人治？统治阶层应该如何对待民众？如何保障社会秩序和平安？政治原则是什么？什么才是有效体制？如何建立长效管理？如何应对影响政治的诸多因素？国家如何调节财富分配？制度与改革的意义是什么？

商鞅的结论是，无论过去、现在和将来，人都是邪恶、贪婪、欲壑难填和怕苦怕累的。他们厌恶劳作，喜爱空谈和享乐；他们内心恐惧，满脑私欲，贪求名利和财富；他们在逐利中不顾违背原则，践踏规矩，甚至不惜付出生命代价。可见，个人利益成了驱动整个世界，包括那些自称大公无私的人的唯一动力。

身处政坛的人也是凡人，对他们切不可另眼看待。其实，此类人的私欲并非缺点。相反，这正好构成了管控他们的重要因素。正是从这一研判出发，商鞅提出了他的政治主张，并制定了国家管理和运行的法治策略。

而法律就是这一政治主张的核心。商鞅心目中的法律存在及运作，与一个公正社会的组织及保障没有丝毫关系。在商鞅的法治体系中，不存在"公正"一词。法律的制定完全出于政治原因，其目的就是要强化国家机器，保证当权者能够维护和行使他们的权力统治。

国家治理是否成功，首先取决于法律，其次才是人。法律是准则，凌驾于所有人之上，包括统治者和被统治者。执政者应当轮换，其权力属于他所处的职位。因此，执政者要做的，就是与法律合二为一，成为法律的代言人和体现者。为了能够有效实行管理，国家就必须创立简明、易懂、准确、稳定，并且能够应对各种政治社会问题的文字法律。法律一旦订立,有关该法律的,包括反对和支持的种种个人议论和意见,都将被明令禁止。

法律一旦成为主要的政治工具,接下来的问题就是,什么才能使法律具备可行性?换言之,既要让管理者以法律为准绳,又要让百姓对法律心怀敬畏。商鞅的出发点是政治性的,他的回答必然也是政治性的:这就是法律本身具有的、对触犯法律所采取的刑罚的强制性。"百姓如果不敢违抗法律,则意味着统治者通过强制手段成功制定了国家政策。民众中总有那么一些人,他们养成了蒙骗和欺诈的习惯,千方百计摆脱国家的诉求,与国家背道而驰。因此,暴力强制就成了国家手中唯一的王牌。国家必须使用这个东西。"

刑罚政治化是这位中国政治家的原创。"刑罚是统治意志的表现。权力滋生力量,力量孕育恐惧,恐惧赋予惩罚及赦免权,赦免是无限使用权力的结果。那些掌控赦免和惩罚的人就是政治上的王者。"法律必须能够引发恐惧,而统治者只要懂得如何利用恐惧。严酷的刑罚能够保障国泰民安,而温和的刑罚只能导致国家陷入无政府状态。

由此看来，慈悲、理解、宽大、同情及互助这类概念，在商鞅主张的政治制度中均无立足之地。这些特征本来就游离于人性之外，它们是后天形成的，只会扭曲人对荣耀、财富和权力的原始本能，从而破坏对人的有效管控力。甚至像礼貌和谦逊这样的美德，也要惩戒；因为这会严重蒙骗当权者，使制度偏离真相。

既然名利操控着人类行为，执政者就必须全面掌控和独家监管滋生名利的源头。按照商鞅的理解，其源头无非就是农耕和战争这两类基本活动。可是，人是害怕战争的，同时又厌恶农耕。执政者如何才能引导民众拿起铧犁、奔赴战场呢？对此，商鞅认为，必须采用多劳多得的方法。但这也许不够？对，这远远不够，还必须辅以人们对刑罚的恐惧。"行之有效的原则是，只有农耕才能实现抱负，只有参战才能免受惩罚。"

统治者应当时刻提醒自己："报酬和惩罚就是压制或鼓励百姓的桎梏和皮鞭。"他们必须学会使用这两样主要的管理工具；而一旦失去它们，臣僚们就会乘机谋取个人升官发财的私利，广大民众也就不再惧怕法律。进一步说，统治者对民众的关爱和兴趣，恰好体现在刑罚的严厉程度上以及奖励的精准尺度上。

在对法律－刑罚－奖励三位一体的分析基础上，商鞅创立了法治国家的运行机制。在该机制的第一阶段，通过对服从及强迫的逐步适应和依赖，人们养成了某种在没有奖惩监督前提下依然有效的特定行为习惯。这种行为状态演变成为人的第二特性，即先前由暴力和恐惧导致的反射行为，从此将会自动激活。

在第二阶段，商鞅谋求将他举荐的制度逐步导向该制度的自动废除。此时，刑罚产生的恐惧早已在民众心灵及行为中根深蒂固，以致无人再敢触犯法律和扰乱秩序。在这种情况下，也就没有必要起用刑罚了。当然，这并不意味着现有制度过时了。相反，正是因为它的有效性，使得现行制度在某一瞬间进入了休眠状态，也使得刑罚无用武之地。刑罚的有效及正确执行，必将导致它们的自行废除。原有的强迫变成了自律，打造出一种新型的社会人群；他们在制度的规范下开始跟随社会的整体目标，不再需要处在实质休眠状态下的外部力量的强行介入。

文人墨客、演说家、商人、外交官员、面相学家，都是随机应变的产物。作为像战国时期这样社会动荡的产物,他们自身就隐藏着巨大的不稳定性,四处流动,难以监控,却同时还想扮演稳定社会的角色。这样一批人,在商鞅所期待的稳定及可控的社会里,绝不可能占有一席之地。"在我们生活的年代里,统治者悲叹国家的短命和军队的无能,却仍然坚持为墨客和说客的摇唇鼓舌创造条件,殊不知这些害群之马一边花言巧语,一边却干着祸国殃民的勾当,"中国的政治家猛烈驳斥道。"朝廷早已沦为讨价还价的集市。其中的每个人都在空谈治国之术,而内心深处都在盘算如何挫败对手。统治者被这样的游说魔法弄得神魂颠倒,可一旁的臣僚却心猿意马。在这种情况下,农民们自然从中获益,学会了好吃懒做。他们开始阿谀奉承,撇下农活不干,都去学着高谈科学和艺术了。"

"文人多了,国家就难治理。崇拜说客,敬慕博学,对周游讲学的文人委以重任,这一切终将导致国家陷入无政府状态。"商鞅一再告诫世人。与此同时,商鞅极力主张的制度,亦将音乐、表演和各类文学艺术排斥在外。凡此种种都是无用无益的,都会蛊惑人心,使百姓远离农耕,心生叛逆;最终导致民众追逐享乐,放纵情欲,把对国家和统治者应尽的责任忘得一干二净。

同样，对于商鞅及其政改方案来说，商人就如同一块挑逗的红布。其中的原因多种多样。事实上，商人们时常会利用他们所代表的模式、赚取的财富、持有的观念、掌控的势力和不断挑战旧事物的新鲜事物，借此惹是生非。柏拉图也一贯反对商人涉入城邦的政治管理，而荷马则给我们讲述了这样一个故事。有一天，在菲阿克斯人（Faiakes）曾经居住的荒岛上，埃利阿劳斯（Evryalos，特洛伊战争英雄）断然拒绝了奥德修斯（Odysses）向他发出的参赛邀请，并且还嘲笑说："不！你这个乡巴佬，怎么看都不像精通竞技的人，顶多让我想起某个驾着商船到处漂游的商人，满脑子装的都是货物和即将掠取的暴利。"

商鞅的政治体制为何容不下商人呢？结论其实不难。首先，商人的行为完全背离了财富和荣耀只能源自农耕和战争的基本原则；其次，商鞅希望民众与土地打成一片，以年复一年的农业活动和周而复始的生活习俗，深深扎根在世代生活的土壤中；同时，民众还将被限制在可控范围内，以便密切监督他们的言行举止；第三，在任何情况下，法治观念都不能容忍那些无所不为和无所不在的混乱因素，而一心干预国家政治的商人正是此类因素的源头。

商鞅梦想创立一个强大的集权国家，期盼通过严苛的刑罚等一系列手段，铲除国家官僚的放纵和腐败，减少政府雇员，打击贿赂，严禁大臣和官员接受教育培训、私下议政和发表主张；严防他们慵懒无为、寻欢作乐、四处游说、蛊惑民心。以上就是商鞅关于强化监管和打击腐败的部分举措。

然而，最为重要的是，面对刑罚，政府官员与普通群众必须人人平等。商鞅把利用民众的腐败官员视作"蠕虫"，并希望通过一个特定的英才制度选聘大臣、官员、幕僚和公职人员。而候选人的参战功绩，将被视为内外兼修的最佳表现以及获选的唯一评判标准。

商鞅一贯认为，"为了稳固政权，统治者必须始终得到民众的支持"。而如果想要削弱他人，则不必亲自动手，只要借助其他经济强者就能实现。"削弱强者的实力，加强民众的力量，统治者就会强大；剥夺强者的实力，让民众远离教育，统治者就会强大无比。降低富人的实力，提升民众的力量，国家才能强大。"

以上这些并不说明，当权者在斟酌和打造政治主张时需要听取民意。"我们正在进行改革,正在坚定地改变现有体制和法律,为此我们不会关注公众舆论。我们无法与广大民众商讨国事,更不介意他们是否反对。无论如何,民众对改革总是有所抱怨的。他们不明白少数精英的作为和用意。我们也没有必要苛求民众为政改出谋献策,他们只要坐享其成就行了。同样,在制定政策时,我们也不会受到陈腐习俗和过时原则的羁绊。留恋过时的政治处方是没有出路的,优柔寡断只能导致前功尽弃。"

统治者不应依恋与时代精神格格不入的旧教条和旧体制,"不应盲目效仿古代,也不该做时代偏见的附庸。因为,在第一种情况下,他将无法洞悉时代风云;在第二种情况下,他将成为短视的俘虏"。统治者必须充分认识所处时代的客观现实,并在此基础上施行统治,使自己的大政方针顺应时代的需求。

商鞅终于在秦国获得了施展政治抱负和实现政治主张的机会。从一开始,他就极力摆脱对儒家思想的依恋以及对传统体制的依赖。在秦孝公主持的一次议事会上,商鞅面对众臣大声怒斥:"庸人之见!平庸,依附在落后的方法上;文人,锁闭在过时的认知中。他们勉强可以出任某个二流职位，哪有资格与我们共商诸如法律执行这样的头等大事？这些老夫子们，长期龟缩在道德礼仪的甲胄里，完全丧失了议政及改革的能力。道德礼仪应该与时俱进，世上从未有过一劳永逸的治国良策。因此，我们也不能把过往时代当作唯一的执政模式。所有的君王都应根据客观情况订立法律，道德和法规也应顺应时代的精神。"商鞅有关政治现代化的一番激烈言辞语惊四座。

在摆脱儒家思想墨守成规的束缚后，商鞅试图进一步开阔他的治国理念，于是遭遇了第二个政治对手，即主张创建自治及无为社会的道家思想。商鞅顺势而为，结合法治社会的现实状况，对其进行了全新的阐释，最终达到了先反制、后继承的目的。

道家一贯否认政治的必要性。他们认为，当一个社会并未受到外部势力干扰，尤其是因政治虚荣而发生动乱时，就会遵循自身规律平稳运行。它本身就拥有自我调节和自行管理的机制。道家极力主张："不以人的意志破坏天道，不以人的行为破坏自然秩序，不为社会荣耀牺牲个人幸福。"

法家通过释放人的原始本能，打造了某种虽然排序第

二、却占据主导地位的行为特性,并期望在原有社会自治体制中嵌入奖惩制度。为了实现这一目的,所有的政策建议都必须由下而上,从底层民意中产生;而有关工作分配、责任和义务分担的决议,则必须以家庭为单位加以考虑;在处理日常事务,尤其在惩戒违法行为上,必须同时兼顾个人及家庭两个层面。任何血缘或亲属关系,都不能阻止儿子向当局举报父亲或兄弟的违法行为;相反,他对上述行为负有举报责任。个人情感也应受到法律的制约。"每一位公民的头脑里最好都有一个法官,"商鞅解释道,"每一位公民都是法官,而每一个家庭都是管理者。"一旦落实到行动,所有公民就会遵纪守法,整个社会就会自然实现自律和自治。联保责任、相互监督以及无情的法律,正是实现上述目标的保障。

国家的法律法规,一旦以家庭为单位得到贯彻执行,官员们就有充分的时间去处理国家大事,用心思考国家的大略方针。如果没有实现上述目标,他们就只好撂下肩负的重担,消耗大量时间去维持社会稳定。而在这个过程中,统治者应当扮演何种角色呢?简单说,就是不干预。已经订立的法律、法规和制度就是他的替身。只有当它们不能有效启动社会运行的自动调控机制，甚至每况愈下时，才需要统治者亲力亲为，出面干预。当然，这样的结果意味着完败。在此，法家思想与不走寻常路的道家思想再次不期而遇了。

日常琐事虽小，却意义重大，且引起了中国政治家的高度重视，"每当我们胸怀伟大理想去治理国家时，往往变得软弱无力。而一旦从小事做起，就会变得愈加强大。"如果我们大力关注民生，而不仅仅考虑与社会实际需求毫不相干的政治虚荣，并不整天为空头承诺或计划忙忙碌碌，上述认知就将获得特殊的价值。

商鞅以极其严厉的法律强化刑罚制度，不允许以任何理由开脱罪责。他创建了集体联保责任制、警务维持和相互监督；他鼓励检举揭发，加重肉体刑罚，采取一系列特殊手段抑制未成年人犯罪；他还创立了保甲制度，将村落和社群统一编制，所有人口按五家一伍进行划分，其中任何一位成员犯罪，所有人都将承担群体责任。任何人知情不报，都将被视为同犯并被判处死刑。任何人向司法当局举报罪犯，都将被视为亲手砍下了罪犯头颅并将受到表彰。但凡藏匿罪犯，都将被视为战场上的逃兵，并将按逃兵论处。偷窃牛马也会被判处死刑。任何人因其行为导致他人身体受伤，都会根据伤害程度领教同样的皮肉之苦。偷窃和伤害被视为与谋杀同罪，并会被处以极刑。

与其他古代法治代表人物颁布的法典相比，例如摩西（Moses）十诫、汉穆拉比（Hammurabi）法典和扎莱乌库斯（Zaleucus）的严刑峻法，商鞅变法并没有多大区别。仔细分析一下，中国政治家与他们的不同之处仅仅在于，前者以刑法为核心，创建了完备的并配有相应运行机制的国家管理体系。

在创建法治体系的同时，商鞅还大大加强了对各级政府管理的监管力度。他启动了打通郡县道路的工程，确立了交通道路马车优先的政策，重新颁布了废井田、重农桑的土地分配制度，统一度量衡，完善武器和工具，合理、均衡地调配当期税收。他还下令对居住有两个健全男人的房屋采取双倍增税，并将财富生产资料纳入国家的统一监管范围。

商鞅还大力推行社会的整体规范。他限定了房屋及农田面积的大小、奴隶数量的多少，以及各等级阶层穿着服装的面料及颜色。来自统治阶层家庭的成员，一旦在战场上表现平庸，就会立刻被剥夺贵族头衔。最后，商鞅还毫不留情地下令焚烧古籍，取缔了文人墨客的活动自由。

在商鞅变法的整整十年间，"无人胆敢触碰不属于自己的东西，哪怕是拾遗之物"。那些当初抵制变法的人，尽管后来一反常态，为变法大唱赞歌，却最终被视为社会动荡的始作俑者，并为此遭到驱逐和流放。正因为此，所有对政府决议的批评都戛然而止；甚至有些批评是积极的，也被噤声令打压了下去。

在近二十年的政坛生涯中，商鞅构建了一个完整、专制及严管的秦帝国，并用暴力和恐吓实现了他所追求的社会秩序。商鞅的一整套政治理论及实践，除了自身的内在矛盾和最终无法摆脱的困境外，其最大特征就是对所有，当然也包括虚假道德的自觉摒弃。商鞅最终未能得到民众或权贵任何一方的加盟，落了个孤家寡人，他的那套军警结合的强权体制，也被历史无情地证实为一种无法实现长治久安的统治模式。秦孝公一死，所有人都掉头反对商鞅。饱受压迫的民众将他视为"自身的敌人"，而那些曾因被剥夺了特权并受到蔑视的权贵们，更是对他记恨在心，纷纷向新的君王诬告他犯有同谋罪。商鞅曾经一贯坚持的观点，最终验证了他的亲身遭遇，"大臣威猛强大，则国家危在旦夕；幕僚威猛强大，则帝王危在旦夕"。在当时，秦国上下，包括妇孺，无人再议陛下的法律，而只提商鞅变法。这就意味着商鞅成了君王，君王成了民众。"原有秩序被彻底颠覆了。"商鞅的宿敌这样对继位者秦惠王抱怨。公元前338年，商鞅被擒并被处以车裂示众的极刑。当时有人这样总结道，"不能说是别人要杀他，而是他早已自掘坟墓。"这些人还想从中表达，商鞅变法早已"如同秋叶，在霜冻中枯萎，在寒风中凋零"。尽管如此，在中国历史上第一个统一国家秦帝国中，商鞅的治国理念得到了践行。其存续时间虽然短暂，却蕴含着宝贵的政治真理。假如我们客观对其加以思考，就不难发现这些真理。

公元前490年，普罗泰戈拉（Protagoras）出生在希腊色雷斯地区的阿夫迪拉。这里也是另一位重要历史人物德谟克里特（Democritus，原子论之父）的家乡。普罗泰戈拉被公认为是公元前5世纪中叶、古希腊智者学派精神运动的杰出代表人物之一。该运动的首要标志就是注重人类自身及其实践活动，而不再纠缠以往哲学讨论的宇宙和自然。智者们不再无休止地空谈什么是最佳的理想国家，而是根据政治生活中的实际情况各抒己见。经济、法律、正义与道德、体制与众神、私人及公共事务处理、职务及权力履行、言论及社会组织……所有这些与政治相关的话题，构成了智者们的关注焦点。

对比商鞅，普罗泰戈拉就显得非常不幸了。首先，作为一个非雅典公民的异乡人生活在雅典，他无法享有从政资格。毫无疑问，他曾协助并影响了时代"领袖群体"的那批精英，其中就包括了伯里克利斯（Pericles，雅典政治家及演说家，曾派遣普罗泰戈拉去帮助图里安人起草宪法）、阿那克萨哥拉（Anaxagoras，前苏格拉底时期的希腊哲学家）、欧里庇得斯（Euripides，古希腊悲剧家）和希波达莫斯（Hippodamus，古希腊建筑师），但仅此而已。向别人传授政治理念，是他唯一能做的，并且做到了。他曾坦言："我传授的是慎行之道。对于个人而言，就是如何妥善处理好家事；而对于城邦来说，就是如何练就一身超凡的本领，并以恰当的言行完善处理城邦事务。"其次，商鞅只写了一部著作，此书却幸运地存留至今，可不论何种原因，普罗泰戈拉的所有著作都丢失了。

第三，商鞅的政治主张后来又被法家另一位重要人物韩非子的思想所丰富和传承，进而演变成为首个统一帝国的正统思想。与之相反的是，普罗泰戈拉的残余思想，竟然是通过其死敌柏拉图，偶尔还有亚里士多德的著作才得以保留下只言片语。不仅如此，这些思想还被一并斥责为躲在矛盾和晦暗庇护所里的某类"半衰期物质"。

商鞅到头来被处以车裂的极刑，为其政治主张付出了惨痛代价。而普罗泰戈拉则被皮托多里斯寡头（Pythodoros，雅典寡头贵族的统称）指控为无神论者，被迫乘船逃往西西里，命丧海难。他的离世比另一位重要历史人物苏格拉底还略早一点。后者被某个名叫梅里图斯（Melitus）的民主派分子所诬告，随后遭到流放并最终被判死刑。

普罗泰戈拉认为，立法在人类社会组织中具有基础性意义。他明确指出，国家必须责成年轻人学习法律，培养他们按法律行事的习惯，切不可为所欲为。他还由此得出结论，"既然城邦总结了以往立法家的杰出创意，并确立了文字法律，它就有权责成我们依据法律治理国家和接受国家的管治。"

仅从普罗泰戈拉仅存的著作残片中，很难就其有关刑法体系及刑法执行的思想得出客观结论。但可以肯定的是，他从未对违法必究提出过质疑。他甚至认为，对于未触犯法律的其他社会成员来说，刑法起到了警示、威慑和教育作用。尤其在刑事案件中，刑法不仅仅是某种补偿手段。此外，普罗泰戈拉还希望在审慎的法律框架下，刑罚内容及方式能够彻底摆脱冤冤相报的复仇心态和不当处置。"任何人都必须时刻牢记，不应为复仇而复仇，并以此为借口像野兽一样丧心病狂地卷入报复之中。一个人如果理性看待惩罚，就不会仅仅因为犯罪事实而实行惩罚。再说了，覆水难收，已经发生的事情也无法挽回。事实上，惩罚的目的是防患于未然。为了当事人本人，以及目睹惩处对象的其他人都引以为戒，今后不再犯事。"惩戒行为正是为了罪恶及其他类似行为不再发生。

普罗泰戈拉也没有摒弃死刑。根据神话传说，当主神宙斯派遣赫尔墨斯将羞耻感和正义感传递给人类时，其目的是想阻止人类相互残杀，创建和睦共处以及城邦之间的友谊纽带。宙斯指示赫尔墨斯将上述感觉平分给所有人。不仅如此，他还明令后者"以宙斯名义颁布法律。谁敢抗拒正义，不知羞耻，都将被视作城邦之瘟疫而被处以死刑"。普罗泰戈拉尤其强调刑法在国家组织及治理中的必要性。然而，与商鞅不同的是，他不像商鞅所期望的那样通过刑法产生恐惧和震慑作用，进而导致人体产生某种生物免疫力。普罗泰戈拉希望刑罚可以催人警醒，使他们充分意识到违背法律甚至会招来杀身之祸。由此我们可以得出如下结论：普罗泰戈拉期望借助法律警示人们更多地关注事物的内在逻辑，更多地敬畏人的肉体痛苦，更深地领会死刑的意义。

普罗泰戈拉特别强调国家社会组织中的集体及个人责任。他以神话故事为契机，概括了人类构成国家社会的方式和原因，并明确指出，"在人类群居的城市中，人们相互争斗和伤害，最后两败俱伤，四处流散。因此，为了创建和谐与友谊的纽带，宙斯委派赫尔墨斯将羞耻感和正义感传递给人类——这也是商鞅思想体系想要变相传递的理念，并一再嘱咐他要一视同仁。因为，仅有少数人参与城市事务，城市将不复存在。"在参与城市的公共生活方面，不应存在任何预设前提、附加理由和先决条件。

普罗泰戈拉认为，参与国家组织是每个公民应尽的义务；以贵贱或贫富为前提条件而区别对待他们，都不应予以考虑。社会存续和国家治理的方针及技巧，只有当它并非少数人的专利，而是归属全体国民共有时，才能最终实现预定的目标。普罗泰戈拉在实践中意识到，由于难以摆脱与生俱来的自私天性，人类并不是从一开始就从善的。这一点与商鞅的看法不谋而合。不过，与中国法家不同的是，普罗泰戈拉预留了足够的空间，以便人们通过社会教育和美德培养逐步改善自己的本性。他摈弃了原先莫须有的、对人的无端想象和主观偏见，重新认知人在国家组织及运行中的真实性。

普罗泰戈拉不愧是一位胆大的政治家和一位勇敢的思想家。他曾坦言，自己不过是一个普通的智者，只会传授一些政治技艺。可是，万一这些雕虫小技产生了副作用，将是极其危险的。同样，在一个暴虐和偏执的年代，一个人想要开口谈论神灵，则需要具备强大的精神魄力。正如普罗泰戈拉亲口所说："一谈到神，我就六神无主。我不知道他们到底是否存在，也不知道他们存在的形态。因为，无数外界因素在同时干扰我们的认知；这些因素既来自人类探索的模糊，又来自人类生命的短暂。"

我们不应被公元前5世纪雅典民主的辉煌灿烂及其优美旋律弄得昏昏欲睡,更不应忘记,它同时也是一个"严苛、强制、保守、充斥着对独裁或寡头政治的恐惧以及对滥用公共资产的担忧的政权体制。这个体制非常容易滋生官僚主义,造成信息表格、材料附件、内容目录和人员名单泛滥成灾。总之,这个体制充满了对雅典社会底层小民的偏执。而一旦改革派占据上风,这一偏执就迅速演变为仇恨和驱逐。"我们更不应忽略这样一个铁的事实:公元前403年,即独裁专制垮台后不久,古代雅典才第一次拥有了自己的文字法律。

商鞅也是一位富有果敢魄力和决断能力、名垂千古的改革家。倘若我们稍加留意他在许多场合下流露出的忧国忧民意识,也许就会对他的政治抱负给予更深刻的理解:"在我们所处的时代风暴中,为了争夺君王驾崩后的遗骸,为了求得一个卑微的官职,重燃内心隐藏的野心,各路强权大动干戈。当今时代,统治者只懂得利用违背自然、加剧社会动乱的方法来换取秩序和稳定。放眼望去,我只看到治国无能的当权者和利欲熏心的统治阶层。"

假设商鞅与普罗泰戈拉之间发生了一场辩论,我想中国法家很有可能不赞同希腊智者的观点："人是世间万物的尺度。"撇开人的社会、经济及政治地位，这一观点从行为意义上授予了每个人自由发表言论的权利。当然，毋庸置疑，紧随其后的必将是一场围绕法律在人类生活组织中的性质及作用及所展开的思想碰撞。

# S

## 希罗多德—司马迁

希罗多德

司马迁

神与人、神话与传统、城市、国家与帝国、战争、习俗与法律、政治与阴谋,在历史长河及人类生存的变迁中,共同构成了希罗多德和司马迁的叙述内容。讲述历史上的丰功伟绩,历来是人类两个伟大地域族群的喜好。其一是地中海盆地的古代世界,希腊人、迦太基人、埃及人、腓尼基人、吕底亚人,一直辐射到波斯人、巴比伦人、印度人和斯基泰人,而另一个就是古代华夏世界。

亦真亦假,虚虚实实。形形色色的历史学家,无论他们之间有何争议和争吵,又如何相互质疑对方的权威,其意义都无关紧要。而真正有意义的是,虽然两位历史学家给世人留下了一幅残缺不全的全景图画,却是全人类的一件伟大幸事。如今,人们依然能够手握书卷,领略惊心动魄的历史讲述,从而把握认知人类沧桑巨变的重要工具。

公元前484年,希罗多德(Herodotus)出生在爱奥尼亚的阿里卡纳索斯地区(如今是土耳其穆拉省的博德鲁姆）。他喜欢游走于城邦之间，沿途打探信息，根据所见所闻与别人交叉求证。之后，他就开始毫无顾忌地讲起他所生活的年代。打个比方，当代社会学家一般都会根据某女子在不同阶段的态度，展开对人类社会发展的深入分析，希罗多德则是将该要素作为故事叙述的开篇。

所有的故事都是从抢夺某女子开始的。腓尼基人（Phoenicians）从阿尔戈斯（Argos）国抢走了伊娥（Io，希腊神话中阿尔戈斯国王的女儿，宙斯的情人）。希腊人则以牙还牙，从小亚细亚人手中夺走了美狄亚（Medea）和欧罗巴（Europe）。特洛伊人（Trojans）更是后来居上，抢走了绝世美人海伦。然而，就算事出有因，上述这些都不过是战争借口，其本质正如赫拉克利特所言，战争才是万物之父。眼瞅着波斯人和希腊人成了举世瞩目的战争主角，希罗多德话锋一转，直接表明了波斯人的想法："抢夺女人并不是件什么好事。而为了报复想方设法也是自欺欺人。其实，无动于衷才是大智慧。因为，如果这些女人并非心甘情愿，她们也不会被抢走。"接着，希罗多德又专门描述了吕底亚（Lydia）的女人。她们原本可以去当妓女，以此积攒未来的嫁妆。可她们却偏偏不干，非要自己挑选丈夫。完婚之后，如果有人先于新郎看见新娘裸露的身体，将被视为巨大的挑衅。"因为，从一个女人脱下长袍的那刻起，她就丧失了贞操和羞耻。"吕底亚国王坎道勒斯（Candaules，被其妻和心腹巨吉斯合谋杀害）正是为此付出了丧命和丧权的双重代价。事情的经过是这样的，国王痴迷于王后的美艳。为了炫耀和满足虚荣，他居然将妻子一丝不挂地展现在亲信巨吉斯面前。王后为了雪耻，逼迫巨吉斯杀死丈夫："你别无选择，或杀死他，或自己去死。"面对你死我活的双杀局面，何去何从，可想而知。

希罗多德曾多次表白，他从不掩饰对"极端智慧"的敬佩，比如巴比伦国在寻求婚姻伴侣中所采用的绝妙办法。有一次，所有已满婚嫁年龄的女孩齐聚到了村镇广场，等待未婚男子的到来。此刻，一个拍卖师站了出来。他先依次双手举起长相娇美的女孩，好让四周的男人对相中的女孩轮番喊价。结果必然是哪个女孩越漂亮，出价就越高。紧接着，拍卖师又接续挑出长相最丑的女孩，并让她们对中意的未来夫君喊价，最后再在丑女的喊价中额外附加一笔拍卖美女所得的份子钱。今后一旦离婚，此笔钱必须如数退还。如果换个角度想，也许我们就会明白，先后培育出两位杰出女王的巴比伦（Babylon），是一个多么开放的社会。塞米拉米丝女王和尼托克里丝女王不负众望，在治国、防务、商贸发展和城市美化方面，都展示出了令人惊叹的禀赋。

当然，我们也不得不提及古代马萨盖特国（Massagetae，广义上的斯基泰人的一支）的托米莉丝女王。她在统治期间充分展示出政治家的稳定、观察家的敏锐和战略家的才华。"您切不可向我发起进攻，"女王警告波斯国王居鲁士（Cyrus the Great），"因为您并不清楚终局是否对您有利。还是管好自己的公民吧，好让我们也清静一点。但我还想多说一句，如果您非战不可，那就拭目以待吧。"波斯王必败无疑，他的头颅将被装入一个浸满鲜血的口袋。

古代吕凯亚国（Lycia，小亚细亚西南部古国）长期以来维持着母系社会传统，那里出生的孩子通常都随母姓，而非父姓。每当听到"谁家的孩子"时，便会带出一连串母亲族谱的姓氏。如果单身女子嫁给了奴隶，她与奴隶生下的孩子仍然会被赐予贵族的头衔。而如果一个男子与外族女子或小妾通婚，其孩子不但得不到贵族头衔，还得不到世人的尊重。我们还注意到，某些斯基泰族群的妇女，拥有与男性一样的同等权利，甚至还可以掌管统治权。在个别部族中，女人归属于所有男人，"大家都是兄弟姐妹和亲戚，人与人之间不再相互敌视和仇恨。"在阿玛宗女人（Amazons，古希腊神话中的女战士民族）的部落中，通过与男人之间的较量，证实了她们富有更大的智慧和天赋。此外，在向斯基泰男性同伴学习语言方面，她们也表现出了超常的接受能力。阿玛宗女人还富有现实精神。她们会明智地劝说自己的男伴早点远走他乡。因为，这些男人最终肯定无法融入女人王国的生活，并将引起不可调和的矛盾纠纷。

对一个社会组织而言，国家统治始终是必不可少的；但对个别人来说，它还是某种至高无上、令人垂涎三尺的财富。无论他们有才还是无能，一旦大权在握，就能决定世人的命运。政治禀赋、战略思维、手段技巧、战术本领，尤其是武力暴力，共同打造了通往执掌权力的道路。与历代权力游戏相比，如今玩弄的政治游戏，哪怕是好莱坞式的《纸牌屋》（*House of Cards*），都不过是动漫儿戏。

曾几何时，米底亚人揭竿而起，挣脱了阿西利亚人（Assyrians，底格里斯河谷的古代王国）的奴役，但很快他们就陷入了国家无组织无法律的状态。此时，一个名叫狄奥塞斯的男人主动站了出来。此人精明能干，一心想着有朝一日执掌大权。于是，他开始精心策划，到处为民办事，伸张正义，甚至不厌其烦地调解邻里纠纷。他的公平裁决得到了民众的拥护，其名气更是不胫而走，声名远扬。有一天，他突然对公众宣称，他整天操劳奔波，帮助别人，却耽误了自己的前程。米底亚人觉得言之有理，就一致推举他登基为王。此后不久，狄奥塞斯就开始要求民众为其建造宫殿和城墙——埃克巴坦那古城（如今位于伊朗境内的哈马丹），而百姓则环绕城池而居。狄奥塞斯不愧是一个玩弄权术的高手。他处心积虑，精心"构建"了民众对统治权威的恐惧。他专门订立了行为礼节，其目的就是不让那些同样拥有贵族血统的昔日伙伴看见他的尊容，从而将他想象成超人，打消密谋造反的念头。他严禁公民在他面前笑逐颜开或口吐唾沫；他还雇用了大批保镖，四下派人打探情报，自己却深居简出。

科林斯（Corinth）僭主佩里安德（Periander）派遣他的一位幕僚前往米利都（Miletus），目的是向另一个僭主特拉西布罗斯（Thrasybulus）讨教执政要领和技巧，以及长治久安和稳坐王位的秘诀。过了很长一段时间，使者终于回到了府上。"他都说了些什么？"佩里安德急切地问道。"什么都没说，"使者回答，"他每天都拉着我去看刚播种的农田，看到长势茁壮的青苗，他就挥舞手中的权杖把它们打烂。对这样一个狂人，陛下还能有何期待？"听完使者的讲述，佩里安德立刻捕捉到了其中的暗示：凡是崭露头角的公民，格杀勿论。日后他也正是这样做的。

在国际关系及国际同盟体系中，情报信息始终是一种克敌制胜的强大政治力量。有一次，特拉西布罗斯从佩里安德那里得知了吕底亚人的动机。后者长期围攻米利都城，却在此刻提出了休战请求。他们这样做的目的，正是为了不再重复以往的亵渎行为，以便保全吕底亚国王和国民不再遭受瘟疫的痛苦折磨。（据史书记载，吕底亚人在夏天向米利都发起围攻。为了断绝城内的粮食供给，他们放火烧毁了农田里的庄稼，却不小心点燃了附近的雅典娜神庙，为此遭到了瘟疫的惩罚）于是，特拉西布罗斯果断下令：将城内所有剩余食品、谷物和酿酒统统囤积起来。当吕底亚派来的使者抵达时，他们惊讶地发现，城中人竟然日夜盛宴狂欢，便立马折返禀报国王：尽管围城数年，陛下的预料仍然落空了，城中并未弹尽粮绝。攻城行动就这样结束了。

为了占领希腊岛屿，吕底亚国王克岁伊索斯（Croesus）下令建造舰船。他亲自来到萨迪斯（Sardis，吕底亚王国的小亚细亚城市），求见来自米蒂利尼岛（Mytilene）的希腊贤人庇塔库斯（Pittacus，古希腊七贤之一）。克罗伊索斯借机询问，希腊那边有什么新消息？对方回答，希腊人正在训练骑兵，准备前来对他发起讲攻。"这很好啊，"克罗伊索斯嘴上这么说，心里却十分清楚，吕底亚才真正拥有世上最精良的骑兵。"凭啥呢？"庇塔库斯补充说道，"难道您不认为，为了给小亚细亚受奴役的所有希腊人报仇雪恨，他们更希望在海上与您交战吗？"的确如此，希腊岛屿拥有当时最强大的船队。吕底亚的进攻计划被迫取消了。

克罗伊索斯国王后来才幡然醒悟，人的命运就像不停转动的轱辘，运气不会永远伴随同一个人。"陛下完全没有必要去攻打波斯人，"他的智囊山达尼斯（Sandanis）出主意说，"与富庶的吕底亚不同，波斯就是个穷国。那里的人穿着破衣烂衫，见什么都吃，而不是想吃什么就吃什么。就算您打败了他们，也是一无所获。而万一战败，您将失去眼下拥有的一切。一旦波斯人嗅到了我们的财富，绝不会善罢甘休。到时候您再想赶走他们，就没那么容易了。"克罗伊索斯早已被其财富冲昏了头脑，哪里听得进幕僚的劝告？若干年后，克罗伊索斯终于成了波斯人的战俘。就在被处以火刑的那一刻，他才充分领悟了山达尼斯的一片好意，于是大声呼唤起雅典贤人索伦（Solon）的名字；后者曾意味深长地告诫他："除非死到临头，千万不要祝任何人好运。"

居鲁士把克罗伊索斯从火堆上放下来，随即问道："到底是什么诱使你向我发起进攻？""希腊众神鞭策着我，"克罗伊索斯回答，"在这个世界上，没有人会如此愚蠢，爱好战争，厌恶和平。在和平年代，孩子埋葬父母；而在战争年代，父母掩埋孩子。其实，无论是你的幸福，还是我的痛苦，都是神的旨意。"虽然早已身陷极度悲痛之中,克罗伊索斯仍然保持着清醒的头脑。尽管如此,他依然无法鼓足勇气承认,狂妄、贪婪和虚荣才是最终使他走向毁灭的罪魁。"永远不要小瞧别人的贪婪,"写有《黑手党经理人》一书、绰号大V的某黑手党首领,以玩世不恭的口吻这样调侃道。眼见波斯人大肆抢掠他的国都萨迪斯,战败的克罗伊索斯问居鲁士国王:"他们在干什么?""他们在践踏你的城市,掠夺你的财富,"后者答道。"他们并没有践踏我的城市,更没有掠夺我的财富。因为,所有这些都不再归我所有。既然已经抢夺到手,这一切就都归入了你的囊中,甚至连我本人也是你的俘虏。不过,假如我还能做出某个正确的预判,我一定会告诉你,波斯人原本贫穷,但随着不断聚敛财富,他们总有一天会出现在你的面前。这样看来,倒不如让他们分享部分你的战利品,以免日后你成为众矢之的。至于剩余部分,你可以悉心收藏,犒劳自己和神灵。"因为,无论是人是神,都是可以赎买贿赂的。在克洛伊索斯统治的鼎盛时期,他向德尔菲神谕所及其附近居民奉献了价值不菲的财物,以此换取吕底亚人向皮媞亚(Pythia)神谕所提问的优先权,以及减税降赋、看戏雅座和随时成为德尔菲公民的一系列终身特权。

希罗多德有关埃及的叙述同样气势宏大,感天动地。在他的笔下,阿玛西斯王朝(Amasis)被描绘为波斯国王冈比西斯二世(Cambyses Ⅱ)统治之前,自由古代埃及最幸福美好的时光。阿玛西斯出身贫寒。据传,在成为法老之前,他整天游手好闲,花天酒地。一旦丧失了生活来源,就去行窃。针对他的偷窃指控,有些神谕所坚持认为他确实是贼,而有些则说他不是。当埃及法老得知阿玛西斯发动起义、企图夺取政权时,便派遣了一个尊贵的使者前往劝降,并一再叮嘱说一定要将他活着带回来。阿玛西斯骑在马背上接见了使者。当他听到法老的传话,立刻翘起臀部,放了个响屁。"你就把这个带给法老吧,"他冲着使者大声喊道,"告诉他,凭着坚强意志,我很快就会率领大队人马去找他算账的。"在随后发生的战役中,两位统帅狭路相逢,阿玛西斯得胜而归。

在阿玛西斯执政时期,他每日早起,埋头处理政务,一直忙到晌午11点。之后,他会到集市上转悠,和那里的人们一起聊天、玩耍。身边的幕僚们劝告他,这样做似乎不妥。作为一国之君,他必须高高在上,神情威严,难以接近。阿玛西斯则回应说，只有箭在弦上，弓箭手才会用力拉弓，而其他时间都会松开弓弦。否则到了紧要关头，弓就会绷断。国君也是一样，"如果不像我那样去做，岂不要变成一个疯子，要不就是患上了恐惧症"。

得知阿玛西斯出身贫寒，很多埃及人对他不屑一顾。有一天，阿玛西斯端出一个金盆子，然后邀请宾朋与他一起在盆里洗脚，往盆里吐痰，或在酒后往盆里呕吐。之后，他又将金盆子熔化，用它打造出一尊精美的雕像，放置在宫殿中央。人们络绎不绝来到雕像前，无论是贵族还是贫民，大家集体站立，三拜九叩。这样又过去了很长时间，终于有一天，阿玛西斯召集公众并说明了他的行为意图，"过去的我是过去的我。现在的我已是一国之君。从今往后，我要求你们尊我为王。"那些曾经裁定阿玛西斯在生活中不是贼的神谕所，都未得到他的赞助或支持，倒是那些预判他是贼的神谕所，反而得到了他的关照。阿玛西斯在治国理政中追求公正，处事严谨，讲求实效。他的执政期被公认为是自由古代埃及的黄金时代。

三位波斯大臣奥塔尼斯（Otanes）、梅嘉庇佐斯（Megabyzus）和大流士（Darius）聚在一起议事，讨论波斯究竟应该采用哪种政体。从他们的议论中我们可以清楚地看出亚里士多德、波利比乌斯（Polybius，希腊化时代的政治家）以及之后的马基雅维利创建的政体核心。奥塔尼斯建议全体波斯民众共同参与公共事务。理由很简单，再优秀的人，只要独揽大权，就会摒弃以往的思维方式，滋生傲慢心态。再加上人的天生嫉妒心，他肯定会越变越坏。从此，他会妒忌这个世界上的其他优秀公民，与恶人为伍，沆瀣一气，怂恿他人造谣滋事。而一旦察觉别人对他爱得不够或爱得过分，就会暴跳如雷，以为大家都在嘲笑他。更有甚者，他还会废弃传统法规，凌辱妇女，不经审判就肆意杀人。而相比之下，公民统治则能保证法律面前人人平等。政府官员均以抽签方式产生，政府对全体民众负责，其决议也都必须公布于众。一切源自民众，民众必须当家做主。

梅嘉庇佐斯则建议实行寡头政治。他认为，贱民才是最鲁莽和最傲慢的人。在这个世界上，除了独裁者特有的孤傲，还存在某种因狂妄民众丧失了理智和认知、只顾扰乱公共事务而诱发的潜在危险。按照梅嘉庇佐斯的理解，由极少数人构成的统治阶层，才能有效实现国家管理，才能做出最佳决策。

　　大流士则摆出一副君主制卫道士的模样。他辩解道，在寡头统治下，那些口口声声为民着想的人，常常会钩心斗角。因为，他们中的每一个人都想占据首位，以便推行自己的政治主张。其结果必然是相互敌视，再由敌视演变为运动，由运动上升为杀戮，由杀戮回到君主统治。而一旦民众再次掌管政权，就肯定会滋生腐败；一旦腐败在社会公共事务中泛滥成灾，腐败分子不仅不会相互敌视，反而会相互抱团，建立起他们之间牢不可破的友谊。因为，混迹于公共事务中的腐败分子，总能找到利益交换的方法，且这种状况会一直持续下去，直到某位民众捍卫者横空出世，彻底废除这些虚假的友谊，进而得到民众的衷心拥护。于是，在一片崇拜声中，新的君主诞生了。显而易见，在大流士看来，任何其他两种政体，最终都会走向君主制。

　　通过如下比较以及由此引发的行为，有助于我们加深对事态及动机的理解。为了从米底亚人手中夺取政权，居鲁士做好了一切准备。一天清晨，他下令波斯人穿上工装，带上镰刀，全体集合。紧接着，他让大家不停地清理一片长满荆棘的荒地。次日,他又下令所有人聚到一起,并让大家穿上干净的节日盛装,共同举办了一场丰富多彩的狂欢。"你们更喜欢哪样啊?"居鲁士问道。回答是显而易见的。居鲁士立马组织了兵变,推翻了米底亚国王阿斯提阿格斯(Astyages)的统治,夺取了政权。

居鲁士大帝也以同样方式回应了爱奥尼亚人(Ionians)和伊奥利亚人(Aeolians)的行为。曾几何时,他要求他们共同起兵反抗吕底亚人,却遭到了拒绝。后来,眼见居鲁士征服了所有的对手,这些人又回心转意,恳求成为他的顺民。"曾经有一个吹笛人,"居鲁士慢条斯理地给大家讲了一个故事,"看见海里有鱼,便吹起笛子,引诱鱼儿上岸。眼看达不到目的,他便撒下渔网,瞬间捕到了大量的鱼。成群的鱼儿一上岸,就活蹦乱跳起来。'快别蹦跶了,'吹笛人对着鱼儿大声喊道,'当初你们听见我扬起笛声,为何不乐意上岸呢?'"

当然,善做此事或善说此话的人,不仅仅是那些君主。基米人阿里斯托迪克斯想方设法,希望保住前来求救的吕底亚叛军首领帕克提阿斯的性命。可是,神谕所却不同意,并主张立刻将此人遣送给波斯人。的确如此,神的使者总会事先考虑到决定执行的后果,并根据孰轻孰重,明辨利弊。于是,阿里斯托迪克斯大步走进神谕所的庭院,大声轰赶栖息在树丛中的鸟儿。"干什么呢?你这个狂妄之徒,为何无故赶走神庙的求助者?"祭司们愤怒地质问。"我倒想反问一下你们,为何命令我们赶走面前的求助人呢?"阿里斯托迪克斯直面应答。

希罗多德得出这样的结论,经过某种习惯养成,即经过顺从和屈服的特殊"训练",人们会被引入并获得某种自然表现的行为方式。久而久之,这种行为方式就将成为人的第二特性,即由外界刺激引起的某种生理趋向性,潜入人体DNA(脱氧核糖核酸)中。这些由暴力和恐惧决定的条件反射物质,随即进入自动生成和运行模式。希罗多德曾在讲述斯基泰人(Scythians)转战多年返回家园时说到,斯基泰人发现,当年的奴隶已经全面取代了他们,甚至霸占了他们的女人,因而再也不愿回到从前。双方为此发生了武装冲突,血流成河,不可收拾。此时,一个斯基泰人想出了一招。他建议交战双方放下武器,拿起皮鞭。原因很简单,采用武器等于双方在平等交战,而采用具有象征意义的工具皮鞭,才能昭示主子与奴仆的特定关系,唤醒对方对自己真实身份及地位的回忆。不出所料，一看到皮鞭，内生的反射物质——恐惧和奴性立刻被激活和点燃了。

波斯国王坎比西斯发现，一个名叫西萨穆尼斯的王室判官受贿并故意错判，于是下令将他从头到脚活活剥皮，然后撑开晾干，切成条块，用来包裹他曾坐过的审判椅。随后，国王委任判官的儿子坐上这把椅子，并对他说："永远不要忘记自己坐在怎样的座位上。"

同样是这位大名鼎鼎的坎比西斯国王，居然爱上了亲妹妹并想娶其为妻。为此他专门找来王室审判官咨询，是否在法律上存在只要本人愿意就可娶妹为妻的相关条文。想到面对的是一个偏执狂热、反复无常的独裁者，判官们立刻意识到，不管肯定与否，任何回答都会招来杀身之祸。不过，聪明的头脑最终还是想出了绝妙的答案："国王陛下，我们并未查到任何有关准许或禁止娶妹为妻的法律条文，但却找到了另一项法令，波斯国王可以为所欲为。"紧接着，国王又去询问那些波斯贵族和克洛伊索斯，想听听他们如何评价国王与其父亲居鲁士之间的差距，是略胜一筹呢，还是稍逊一筹。显而易见，这又是一个来自偏执狂人精心设计的危险陷阱。克洛伊索斯采用了与王室判官同样的思维方法,他回答国王说:"居鲁士的孩子啊,在我看来,您并不像您的父亲。因为,您还没有像您父亲把您留在世上那样得到这样一个孩子呢。"听罢,坎比西斯心花怒放。

泽克西斯(Xerxes)征战希腊人这件事,绝不能被简单低估,因为其中确实好坏参半。波斯人的优势在于他们拥有一支庞大的军队,而弱势则是对手希腊人英勇善战,以及他们拒绝将自由及平等体制下的生命拱手交给一个毫无自由的专制政权的坚定决心。"让我们尝试一下吧,"踌躇满志的大流士军事指挥官马铎尼斯将军(Mardonius,大流士一世的女婿)先是贬低了一番希腊人的作战能力,然后说道:"世上无难事,就怕不去做。"当然,任何尝试都会付出代价,有时甚至是不可估量的代价。听到这番话,在场的将领们都沉默了下来,可他们心里明白,对暴君表明态度绝非易事。就在这紧要关头,泽克西斯的叔叔阿尔达班(Artabanus,泽克西斯一世的大臣,公元前465年发动宫廷政变)接过了话茬,小心翼翼地试图说明事情的原委:"国王陛下,每当不同观点摆上桌面时,就会催生最佳决策。之前，我曾好言相劝你父亲居鲁士不要进攻斯基泰人，可是却枉费了一番苦心。于是，大家都目睹了惨剧的发生。认真想想，想明白了，你才能成为最终的赢家。有时候，即便所有事情都注定与你作对，你仍然会认定是命运战胜了你。急躁往往会铸成大错和毁灭，忍耐才会得到时间的回报。"随后，他扭头对马铎尼斯将军说："不要无端诬陷希腊人，因为诽谤才是最恶毒的劝说。"

摆脱了独裁统治，雅典人很快就在所有领域独占鳌头。面对波斯国王的哄骗和威胁，他们做出了如下答复，"我们自然清楚波斯军队的优势和我们的欠缺。但我们热爱自由，会不惜一切代价去捍卫自由。就像太阳每日都会照常升起，按照轨迹运行至今一样，我们永远不会听从泽克西斯那一套。而你们也要明白，我们早已与神灵和英雄结为同盟，将与泽克西斯决一死战，并将彻底消灭他，为其焚毁神庙和雕像的卑鄙行径报仇雪耻。"

科林斯人索希克利斯借用乾坤扭转的例子，表达了他对平等与专制之间区别的看法："你们推翻了平等制度，带来了独裁统治。从此往后，天空将横卧于大地之下，大地将悬挂在天空之上，人类将居住在海洋里，鱼儿将生活在人类之前住过的地方。"

波斯人伊达尼斯（Ydarnis，波斯王子及将领）企图利用许诺和馈赠，诱使莱斯德莫尼亚人（Lacedaemonians，斯巴达指挥官家族）投靠其阵营，却没想到换来了如下回答："你一刻不停地游说我们，却没弄清楚这样两件事。其一，谈及奴役，你自然深有体会；其二，论及自由，你肯定一无所知。为奴之事，你心里明白；但你从未体验过自由这个甜蜜美好的事情。一旦尝到甜头，你一定会改劝我们要拿起长矛，甚至举起斧头英勇战斗。"

有一天，流放到波斯宫廷的斯巴达人狄马拉图斯对泽克西斯说："希腊人生活贫困，但从不缺乏勇气。这是性格特质和严明法律带来的结果。莱斯德莫尼亚人拥有自由，但从不放任自由。他们视法律为准绳和主宰，对法律敬畏有加，其程度大大超越了你的国民对你的敬畏。他们明令禁止，依法行事；只要敌人还在，就绝不撤出战斗。如果你觉得我在夸大其词，接下来我就闭口不说了。"此后，波斯军队派出骑兵探子前往温泉关打听实情。此人带着一脸惊讶的神情返回兵营，惊恐地禀报泽克西斯，莱斯德莫尼亚人镇定自若，连头发都梳理得整齐有型。他们正严阵以待，时刻等候着波斯大军的进攻呢。同样惊慌失措的还有希腊人特拉西诺。他带来消息说，波斯大军不计其数，铺天盖地。如果他们万箭齐发，可以遮住太阳的光辉。斯巴达人德涅克斯（Dienekes，坚守温泉关的三百勇士之一）听罢平静地答道："这岂不更好，我们将在阴凉下作战。"

暴君泽克西斯试图在达达尼尔海峡上修建桥梁，以便跨海进军希腊。眼见海上掀起的巨浪卷走了还未完工的桥梁，他顿时暴跳如雷，下令让部下将手铐脚镣投入湍急的水流，并用皮鞭使劲抽打海水。泽克西斯终于实现了心愿。此刻，他眼含热泪，眺望着面前浩浩荡荡的大军，一片思绪飘过脑海："百年之后，所有的一切都将荡然无存。"他的叔叔、波斯将领阿尔达班在一旁宽慰说："世上所有人，都会在生命的某一瞬间想到死亡。因为，人间疾苦不断，病痛始终缠身。这使得原本短暂的生命看似遥遥无期。偶然始终驾驭着人类，而不是人类驾驭偶然。人在幸福时从不知足；而神一旦让人尝到甜头，便立刻露出妒意。"

世上任何人都无法摆脱神的注目，更何况那些恶贯满盈之徒。有一次，专门从事贩卖美少男为奴的奸商帕尼奥斯落入了赫尔墨狄莫斯（Hermotimus，泽克西斯的宦官）手中。后者年少时曾被帕尼奥斯阉割并被卖给了波斯国王，却在随后的日子里得到了泽克西斯的赏识和重用，成为当时呼风唤雨的重要人物。"你这个可恶之人，"赫尔墨狄莫斯大声怒斥，"专靠恶行赚取不义之财。而我又做错了什么？让你把我从一个男人变为无能。你恶贯满盈，还想逃过神的注意。神向来主持正义，为了惩治你的劣行，才把你交到我手里。咎由自取，这样你就不会抱怨应得的惩罚。"随后，他强迫帕尼奥斯亲手阉割了四个亲生孩子，又让这些孩子亲手阉割了他们的父亲。

在中国，司马迁也被施以宫刑。公元前99年，李陵和李广利两位将领，在讨伐北方匈奴的激战中惨败并被俘。皇上将战败罪责全部扣到了李陵头上，却饶恕了他的连襟李广利。对于皇上的圣旨，朝廷众官纷纷赞同，唯有司马迁提出了异议。正因为此，他以图谋造反之名被诬告，随即被投入大狱，最终被判以极刑。司马迁对狱中生活的描述，令人想起奥斯卡·王尔德（Oscar Wilde）的小说《瑞丁监狱之歌》中的有关篇章。赎身或阉割，成了能够换取免于一死的唯一选择。司马迁身无分文,"既然最贫贱的奴隶和最卑微的仆人都能选择自杀,我当然也能视死如归,"他在狱中这样给友人任安写道,"面对阉割和死亡,我选择前者。这样我就可以完成未尽的写作,让我的著作永世长存。那些达官显贵的名字,终将随着岁月的流逝而泯灭,而那些研读和记录历史的人,必将千古留名。"

司马迁生于公元前145年。他的父亲司马谈曾任汉武帝宫廷的小官,也是一位史学家和占星家。司马迁从小生活在儒家思想盛行的年代,10岁就能读懂古籍善本。如同希罗多德,他从20岁起就开始周游列国,寻找、收集和研读所有关于华夏民族以及"发生在华夏大地上的可歌可泣的故事"。父亲去世3年后,司马迁接任了他的职位,得到了在位谋政、向皇上议政谏言的机会。

司马迁是中国历史之父。他的史书涵盖了中国上下两千五百年的历史,把神话与现实融会贯通,转换成中华民族集体记忆中的"真实",一一记录下从黄帝、尧舜、大禹以及周朝文帝、武帝直到他所处时代的历史长卷。

明智的尧帝要求幕僚们推荐一位能够主政的能人。幕僚却举荐了他的儿子。尧帝说："他就是个争强好斗的骗子。"不日,公共事务大臣候选人名单再次摆放在了尧帝面前。他又明确指出:"在官老爷的舒适环境下,此类大臣都能说会道。但一旦接触具体事务,立刻就束手无策了。这样的人看上去谦虚老实,其实高傲无比。"后来,尧帝亲自推荐了普通人虞舜为皇位的继承人。以美德享誉乡里的虞舜,此刻却以无法判断自身道德水准是否称职为由,拒绝了尧帝的好意。"我的道德水准还很欠缺,"他解释道,"还未达到赢得民众信任的程度。"听毕,尧帝认定虞舜比他更聪明更优秀,最终把皇权托付给了舜,还把两个宝贝女儿许配给了他。这两位天仙"除了天生丽质,她们的每只眼睛都长有双瞳"!

"你们都要瞪大眼睛了,"大禹警告手下臣僚,"尤其是那些令人担忧却又看不到的东西。你们不可无视法律法规,不得贪图纵欲享乐,不要迷恋花天酒地。你们一定要把公共事务托付给品格高尚和能力高强的人。千万远离权力滥用和职务腐败。遇上无把握之事,先不要急于求成。你们始终要心怀崇高追求,决策一定要建立在理性之上。无论发生什么事情,都不要为虚荣和野心与民众发生对立。对于麻木不仁和慵懒无为这样的恶习，你们必须坚决抵制。政府必须管理有方，执政有效，保障民生。"

商朝末期，中国四处哀鸿一片，社会堕落，道德腐败；公共秩序混乱，犯罪居高不下，宫廷上下男盗女娼，粮食短缺，农田荒废。所有这些引发了群情激奋，导致部分朝野人士和民间百姓开始组织策划反抗，一些具有务实精神的高官开始表达他们忧国忧民的情怀。其中一位名叫叔齐的大臣毫不犹豫地对君王说："君王啊，上天从我们的家园召回了圣旨。远见之人，如同占卜的巨龟，不再浪费时间企盼幸福降临。究其原因，不是之前的君王无意提携继位的后代，而是如今的君王专横跋扈，腐败堕落，早已离弃了上天。因此上天才决意抛弃我们，不再赐予我们果实。现在，所有人都在期盼王朝覆灭，都在质疑为何上天还不从严召回圣旨，将它赐给另外一个家族。所有人都在怀疑，我们和当下的君主还有共同利益吗？"

权力转移的机器终于运转起来。有一天，即将成为新王朝首任君主的周文王，对手下高官间接表达了进攻商国、夺取王位的企图。有关局势，他概括说："商国人，无论年纪大小，在长满野草的路上遇到行人就抢。他们制造混乱，胡作非为。与此同时，大臣和官员们却在肆意践踏法律，狼狈为奸。社会犯罪成灾，却无人受到惩罚。商朝早已病入膏肓，走向灭亡。这就如同一个人拼命想要游出一望无际的水域，却始终看不到彼岸。"文王及其儿子武王，开启了中国历史上至关重要的变革之路。他们的丰功伟绩，通过儒家思想的政治理念，并作为公正及仁义治理的典范，被永久地载入史册。

司马迁具有独特的写作方法及风格。他始终在努力分辨可疑之处，发现模糊因素，指明对错，按照自己的价值观做出评价，抨击应受谴责的事物，追思过往历史尘封的朝代和家族，拨云见日，让被遗忘的事物重见光明，恢复事实的本来面目。司马迁一贯实事求是。作为儒家的创新学者，他力求用手中的笔"记录历史，拯救正义战胜邪恶的记忆"。他广闻博取，遇到不详材料，就暂时搁置一边，在讲述其他确信材料时亦格外小心。司马迁喜欢从长辈那里收集信息资料，然后进行交叉比对及核实验证。他熟读并精通古籍善本，并能做到信手拈来，先后提及的史书不下75部。相比之下，希罗多德在其历史讲述中则惯于引用传说和神话，使得读者经常陷入胡猜乱想之中。对此，司马迁完全不能苟同。在他看来，传说故事均为奇谈，可笑至极，比如民间盛传的"汤王会施魔法，能够造云降雨"的说法。司马迁还尤其重视个体，而非全民在人类发展中的特殊作用。当然，他也严厉抨击了那些为了炫耀自我而谏言君王远征他国，并为此付出惨痛人力及物力代价的幕僚们。除了生平记事，司马迁还阔论音乐、经济、宗教及礼仪，评说诗人、庸官、商贾、职业杀手及哲人。在每一篇章的结尾，他还会根据中国传统的价值观念及准则做一番概述，例如、孝顺、谦卑、自律、服从、勤劳、尊老、助残，以及公正及仁义治国。

司马迁深刻体会到语言的力量及其潜在危险。他曾明确指出，"孔子撰写编年体史书《春秋》，在论及鲁隐公和鲁桓公时，他的表述潇洒自如。而一旦说起同时代的鲁定公和鲁哀公，则变得谨小慎微了。孔子不再直白自己的观点，而是采用了某种模棱两可的微妙语言"。司马迁自己也是这么做的。

身为儒家，司马迁却能以敬重之心看待发展中的法家思想。他不带任何意识形态上的偏见，引领我们重新认识了为官的商鞅。有一次，商鞅的老师及大臣公叔痤病入膏肓，即将离世。得知消息，君王携众卿一同前往看望，并询问他推荐谁来接替他的职位。公叔痤将君王拉向身边，小声说出了商鞅的名字。"他虽年轻，我还是要义无反顾地向陛下举荐他，"接着补充说道，"万一陛下弃他不用，就杀了他，千万不能让他活着离开贵国。"由于早已料到君王不会听信，公叔痤事先叫来商鞅并建议他提前一小时离开。商鞅听罢却说："既然您无法说服君王任命我为大臣，也就不可能说服他杀死我。"商鞅最终没有离去。当然，君王也很快彻悟到自己犯下的错误。

在议论商鞅时，司马迁不带任何偏见，这样他就可以在谈论儒家思想时畅所欲言。他的这一方式与柏拉图评述特拉西马库斯（Thrasymachus，古希腊诡辩家）时所采用的方法极其相似。"不敢作为的庸人永远不会赢得荣耀，优柔寡断的政客永远看不到成功。伟大人物的事业往往会受到公众指责和讥讽。思想尖锐的人可以明察秋毫，料事如神；而那些昏庸无能之辈，直到事情终了还浑然不知。凡是致力于崇高事业的人，都无须民众首肯；凡是胸怀伟大志向的人，都无须与民众协商！"

儒家的军师们会反驳说："错！仁义的统治者教育其

子民，却无须改变习俗；贤达的君主管理国家，却无须修改法律；他遵循悠久的传统，文明处事，举止得体。"

"庸人之见！"商鞅驳斥道，"平庸，依附在落后的方法上；文人，锁闭在过时的认知中。他们勉强可以出任某个二流职位，哪有资格与我们共商诸如法律执行这样的头等大事？这些老夫子们，长期龟缩在道德礼仪的甲胄里，完全丧失了议政及改革的能力。道德礼仪应该与时俱进，世上从未有过一劳永逸的治国良策。因此，我们也不能把过往时代当作唯一的执政模式。所有的君王都应根据客观情况订立法律，道德和法规也应顺应时代的精神。之前的三个朝代，虽然主张的道德有所不同，却都实现了统治；之前的五位君主，虽然制定的法律有所区别，却都扩大了势力。"

"如果我们不能保证能够产生重大效益，"儒家文人反驳说，"就不会随意改变习俗。这就好比当我们不能确定一个器具的多重功效时，就不会轻易更换它。如此看来，我们坚守传统习俗和古老法则又有何害处呢？""世上本无一成不变的执政理念，"商鞅进一步澄清，"一个国家，如果仅凭旧式的管理模式，就无法长治久安，繁荣昌盛。因此，我们也不应该根据古旧的习俗和过时的原则来制定国策。迷恋作废的政治处方毫无出路，优柔寡断必定导致失败。"

后来，通过另一位法家重要人物李斯之口，司马迁再次论及了儒家和法家在执政理念及管理模式上的根本冲突，即捍卫还是变革古代制度的冲突问题。一位名叫淳于越的文人，试图说服秦王。他说，长久以来，为了长治久安，古代帝王总是在类似大臣的重要位置上安插自己的儿子或兄弟。相反，那个征服了全天下的人，却将其整个家庭置于了权力中心之外。万一发生暴乱，他还能够向谁求助。"我从未听说过，"这位儒家文人最后说，"努力效仿古代帝王的法则还会失败。"

具有法家思想的丞相李斯接过了话茬："史上五位帝王执政有方，他们之间却从未相互效仿；三个朝代治国有术，却同样各领风骚。这不是因为他们相互排斥，而是因为客观现实随时间发生了变化。这个一窍不通的蠢儒，此刻在我们的耳边不停地鼓噪。他哪里知道，当时的国家仍处在分裂之中。可如今早已大不相同。在已经统一为中央集权的国家里，民众可以安心务农，官员可以全心投入管理。可那些儒家文人呢？他们不顾现实，一心念旧，找出一堆空洞的词语和无用的价值，企图用他们的腐朽思想迷惑广大民众和顺从的统治者。他们大肆吹嘘自己的一套理论，猛烈抨击政府的执政手段。如今，陛下已经一统天下，建立了集权统治。这群被边缘化的儒家文人却居心叵测，怀疑和抨击现有的法律法令。他们在宫内公开叫嚣，在马路和集市上大肆鼓吹他们的观点，造谣滋事，挑衅帝王；他们居高临下，挑拨离间，怂恿底层官员聚众谋反。所有这些必须立刻严厉禁止。

"秦国的所有史记书籍都必须付之一炬。除了允许博士官保留少数外，其他所有《诗经》《尚书》或百家语录都必须无条件上交，统统烧掉。谁敢公开谈论上述书籍，都会被押往集市，处以死刑；谁敢借古讽今，其所有家庭成员也会被集体处死；任何政府官员，一旦发现、认定或意识到某个违法行为而不加以制止，也将会以同犯论处。在法令颁布起30天内，所有隐瞒藏书和反对焚书的人，都将被发配去从事强制劳动。只有少量医药、占卜及农林书籍可以幸免。除此之外，任何人想要研读法律，都会得到一位法律专员的辅导。"根据李斯的上述提议，很快颁布了御令。公元前212年，一场大规模的焚书运动就此展开。

李斯来自楚国，原先在家乡的郡县做个小吏。有一次，他在当地官吏的卧室中发现成群的老鼠盘踞在污秽中。一旦觉察有人或狗接近，它们便吓得四处逃窜。相比之下，在附近的店铺或仓库里，同样的老鼠却如入无人之境，聚在屋檐下大吃存放在那里的粮食，且没有任何人或狗前来打扰。看到此，李斯叹道："一个男人，正如鼠辈，如果希望有朝一日功成名就，就要学会选择合适的生存环境。"于是，他毅然决然地前往秦国效忠，很快得到了帝王的赏识，最终成了享有威望和影响深远的一代丞相。

一位名叫郑国的韩国人来到秦国，作为水利工程师负责兴建一项大型灌溉工程。幕僚们一致认为此人是个奸细，必定来者不善，建议君王革去所有投靠秦国的异国人士的职务。当然，其中自然也少不了李斯。最终，李斯想出了一个足以让最杰出的希腊贤人都羡慕的理由，粉碎了王公大臣的险恶用心。"为了愉悦秦国，锦缎、金银、翡翠、象牙、美女和宝剑，从周边列国源源送来。如果这些珍宝并非来自他国，您的国家又怎能如此辉煌和富庶呢？

泰山宏伟，是因为它不嫌弃任何一寸土地；江河宽广，是因为它们欢迎所有的涓涓细流。假如您拒绝来自其他国家俊杰的服务，就等于将他们拱手交给了对手，无意间增强了敌人的力量。对于所有想成大事者来说，这样的策略必定无果而终。"

司马迁一贯视以往的陈规戒律为无稽之谈。理由是在商朝第五行政区域以外，还居住着野蛮人和丑陋的未开化民族。当然，在描述匈奴社会及行政组织时，司马迁向来格外小心。在他生活的年代里，中国与上述民族一直处在绵绵不断的冲突和战争之中。匈奴是个游牧民族，从未有过固定居所和城墙，但各自拥有不同的分片区域，且实行相应的区域管理。他们擅长养羊、骡马、毛驴、奶牛和骆驼，为此赢得了极大的战争优势。匈奴的孩子从小就接受骑术训练，学会了用弓箭射杀老鼠，长大后更是学会用弓箭射杀狐狸；成年后，他们个个都是优秀的骑手和射手。战场上，匈奴人勇往直前；一旦发现形势不利，便快马加鞭，立刻撤退，并且不会为此感到懊恼和羞辱。他们通常喜欢在满月的日子发起进攻。与古代不同，匈奴社会的年轻人能够享受到较其长辈更丰盛的食物和饭菜，因为正是他们日夜守护着民族的生命安危。匈奴人也没有文字，所有的协议或承诺均通过口头表达。父亲离世，儿子可以娶母为妻；兄弟去世，活着的胞兄可以娶嫂为妻。根据匈奴法律，任何人在和平年代拔剑出鞘半米，就会被判处极刑；任何人犯了偷窃罪，就会被剥夺所有财产。小的违法行为会被鞭刑伺候，犯了大罪则会被处以死刑。等待最终判决的羁押期不能超过10天。与当时的中国社会相比，匈奴在押囚犯要少得多。王妃宠妾和幕僚大臣都要作为陪葬，随帝王共赴黄泉。

即便像匈奴这样生活方式简朴、物质需求有限的民族，他们的权力占有欲和控制欲，以及由此表现出来的荒唐，仍然没有逃过司马迁的目光。匈奴王头曼有个儿子，名叫冒顿。作为长子，他无疑享有王位继承权。可是，头曼却百般溺爱二房妻子生下的儿子。为了废长立幼，头曼把长子作为人质遣往邻国月氏，再与月氏假签和平协议，打算日后乘其不备实行偷袭。可他万万没有想到，冒顿竟然偷了一匹月氏良马，在杀死若干月氏士兵后成功逃离了。看到长子返回，父亲便谎称要嘉奖他，随即赐给了他一万骑兵，并委任他为统帅。冒顿精通射术，从此开始严格训练部下士兵，培养他们绝对服从的精神。他会随时随地下达指令，要求射手将箭射向他射箭的方向。谁做不到，就会被当场处罚；谁延误瞄准他正在瞄准的飞鸟，也会被立刻处死。接下来，冒顿将他的良马定为射杀的目标。谁迟疑发箭，将会遭到同样的厄运。凡是不敢射出强弩的射手，都被就地正法。第三个目标是冒顿心爱的女人。第四个目标则是他父亲最喜爱的战马，结果不出所料，所有人都准确射中了目标。"现在我终于可以信任他们了。"冒顿自言自语说。不久后的一天，冒顿陪同父亲出行狩猎。他瞅准机会，迅速拔箭，射中了父亲的胸膛。所有跟随的士兵也同时拔箭，射中了同一个目标。冒顿成了新的匈奴国王。

这一时期的东胡国非常强盛。他们听说冒顿杀死生父并自任为王，就派出使者，请求他将那匹声名远扬的千里马赐予他们。"这马可是匈奴的宝物之一，"大臣们纷纷对冒顿说，"万万给不得啊。""邻居向你索要点东西，哪有拒绝之理呢？"冒顿说着，便差人送出了宝马。过了一些日子，东胡国以为冒顿软弱可欺，便又派出使者，要求冒顿将宠妻赐予他们。大臣们群情激奋，对大王说，东胡人就像一群丧心病狂的野兽，既然他们胆敢索要王妃，迟早有一天也会向我们发起进攻。"既然邻居提出了要求，就满足他们吧。"随即他又送走了爱妻。于是，东胡人开始得寸进尺，要求接管东胡与匈奴之间延绵上百公里的大片废弃土地。考虑到匈奴从未打算在此开发居住，大臣们便建议主子就把这片土地送掉算了。"土地是民族之基。"冒顿火冒三丈，当即处决了谏言的几个大臣。随即，冒顿组织策划了对东胡国的征战。对于这样一场突如其来的战事，东胡国始料未及，毫无准备，彻底战败。

司马迁生活在一个距战国时期不远的年代。这时的国家虽然已处在汉王朝统治中心之下，但诸子百家的旧体制，历经改朝换代，仍在招摇过市，兜售着他们的服务理念，丝毫没有退出历史舞台的念头，只不过乔装打扮一番，迎合了新的形势需求。形形色色的幕僚，四处游说的捐客，昨日还信誓旦旦对主子表示效忠，隔日就投靠到了敌对阵营一方。他们不知廉耻，丧失原则，轻车熟路，就像走马灯似的快速更换着主子。当然，他们随时也会遭受迫害，遭到解雇。一旦嗅到危险，就会乘着夜色逃走。他们狼狈为奸，阳奉阴违，消极违抗，铤而走险，预判未来，旁敲侧击；他们时隐时现，见风使舵，根据不同的政局左右摇摆，形成了一个真假价值难辨、不同政客云集的交易市场。

惹事的还不仅是男人。在中国古代王朝的后宫中，帝王的母亲、皇后、宠妃及众妃、喜爱的小妾以及不可或缺的太监，所有这些人相互勾结，在宫廷权力之争的游戏中不择手段，玩弄阴谋。司马迁讲述的有关汉高祖刘邦的妻子吕雉的经历，在当时绝非偶然。皇后野心勃勃，辅佐皇帝夺取了江山，却有许多大臣在其主政期间被处死。汉高祖死后，因担心宠妃戚夫人的儿子取代其亲生儿子接替皇位，吕雉便狠心毒死了他。随后，她又将戚夫人投入大牢，斩去手脚，熏聋双耳，挖掉双目，又以哑药让其失声，最后抛入茅厕，称之为"人彘"。面对母亲的残忍暴行，吕雉的儿子惊得目瞪口呆。"这哪里是人做的事情？"他说，"臣是太后的儿子，配不上做一国之君。"之后，他辞去所有官职，整天酗酒为乐，很快就染上疾病，郁闷而死了。

吕雉大权独揽，却始终打着民众的旗号。"吕后时刻关怀民众，体察民意，主张全力守护好祖先的祠庙，让江山社稷后续有人。战国之后,汉朝崛起,敌人得到了应有的惩治。当下,恶人所剩无几,百姓安居乐业,耕田织布,帝国上下一片祥和景象。我们必须照此继续下去。"

宫廷内笼罩着一种莫名的恐怖气氛。所有的官员都提心吊胆,时刻揣摩着如何行事才好。其中有一位名叫张良的大臣,他年仅15岁的儿子张辟彊在宫中出任侍中,此时却挺身而出,主动对丞相陈平的顾虑答疑解难:"太后没有其他儿子。她虽在干号,却眼中无泪。她看似痛苦,其实毫无悲情。她唯一担忧的就是您和众臣的所作所为。您必须安抚她的情绪,平顺她的心境。当务之急,就是马上请出朝内的三位老臣,委以将军重任,让他们统领大军。与此同时,还要允许吕家亲眷全部入宫,让他们执掌朝廷大权。这样一来,太后便会倍感安全,您和众臣便可得到她的赏识和重用,才能免遭迫害,保全性命。"

司马迁借尉缭之口描述了始皇帝嬴政的相貌:"秦王高鼻子、斜眼睛、鸡胸、豺声,是一个毫无怜悯之心、内藏虎狼之心的男人。遇到困境,他就低三下四;而一旦占据上风,便只想夺取活人性命。"然而,正是这样一个男人,却首次完成了中国的统一大业,建立起第一个中央集权帝国。无视或质疑他的领导力、执政力及其丰功伟绩，都是对历史的无知。这就好比无视或质疑泽克西斯和其他波斯帝王的才能，也同样会被视为对历史的无知。尽管如此，希罗多德和司马迁仍然各抒己见，尽情描述了统治欲望极度膨胀下的政治狂人所呈现的情绪癫狂和精神错乱。

仅仅因为海浪冲垮了波斯人进入欧洲大陆的桥梁，泽克西斯便下令士兵举鞭抽打达达尼尔海峡湍流的海水。他还残忍地砍下过一位波斯舰长的头颅。可正是这位舰长，在萨拉米纳海战失利后，将泽克西斯平安带回了小亚细亚，并得到了后者赐予金冠的嘉奖。有一次，秦始皇巡游湘山，途中突遇大风，以致无法渡过湘江。秦始皇大怒，下令三千犯人砍伐了所有山中的树木。还有一次，秦始皇从某个名叫徐福的人那里听到有关海上蓬莱、方丈和瀛洲岛的故事。据说，那里住着长生不老的仙人，藏有长生不老的奇药。于是秦始皇就派出无数童男童女前往寻找仙药，结果却有去无回。他听信了骗子、算命先生、巫师和庸医的谎言，传圣旨入海寻找长生不老的草药，梦想成为"真命天子"，入火海而不燃，入海水而不湿，腾云驾雾，长生不老。事实上，所有这些都是痴心妄想，哪怕是始皇帝本人，也无法摆脱凡人的命运。死后，秦始皇被葬于骊山北麓。他从登基那天起就开始设计建造帝陵，前后耗时三十余年，共有70万人参与了这一规模庞大的建造工程。与真人同等身高的数千兵马俑，包括大臣、将军、步兵、骑兵以及无数珍宝作为陪葬，也一起埋入墓中。共赴黄泉的还有秦始皇的所有嫔妃。她们甚至还没来得及为帝王生下子嗣，就去了另外一个世界继续服侍同一个主子。参与建造陵墓的技师和工匠，最终也未能保住性命。而杀死他们的理由，竟然是害怕他们活着说出无数生命和珍宝陪葬的秘密。在秦陵的山坡上，最后栽满了树木。

希罗多德在讲述历史时曾说："假如人们在途中留下一连串的苦难，最终还想重新拾回的话，其中的每个人只会捡出属于自己的那一份。"司马迁从第一刻起就选择了自己的那份苦难。为了人类历史的美好前景，他终身活在了属于他自己的那份忧愁中。

# S

## 苏格拉底—孔子

苏格拉底

孔子

尽管存有种种不同的看法和观点，但总体来讲，中国古代思想更侧重于表达日常生活的组织及行为规范。古代中国哲学是一种实践哲学。当然，它肯定也涉及本体系统、存在本质以及对形而上学的认真思考。但恕我直言，所有这些均属例外，而非常态。纵览中国的思想史，从毫无名气的文人墨客到家喻户晓的诸子百家，只要谈及哲学，其首要议题必定与如何创建一个良好的国家管理有关。总之，所有古代中国的思想流派均涉及政治。不同的是，此类政治的内涵通常是指创建及稳定社会秩序的技巧和方法。

任何尝试触碰中国古典文化的学者，都须首先弄清上述这点。而一旦想要接近孔子这样的人物，认清这一点则尤为重要，且具有更大的附加值。作为哲学家，孔子在中华大地上扮演了史无前例的角色。他是中国古代政治思想体系运行的基本核心，其深远的影响力至今不容低估。

孔子有关社会组织及运行的观点，主要建立在道德准则及礼仪习俗的基础上。这一特征时常混淆了孔子在宗教、哲学及政治方面的教育作用，并为他打造了一幅近乎宗教崇拜的画像。孔子本人似乎也意识到，他的哲学思想已经并将长久影响世人，"动乱已经在这个国家持续多年，但上天终将赐予民众一位伟大的贤人，一位真正的英雄"。

任何人将孔子和苏格拉底（Socrates）指责为某种哲学自闭，都是对历史的无知。其实，他们均以不同方法和敏锐的洞察力领悟并表述了他们所从事的教育对当代，尤其对未来人类生活的重大意义。苏格拉底擅长美妙的自我解嘲。他将自己比作一只牛虻，片刻不让雅典人安宁，使得当时的民主保守派如坐针毡。他声称自己是德尔菲神谕的代言人，在执行神的使命，而不是在固执己见。"雅典的男人们，"苏格拉底坦言，"看来只有神才是真正的智者。神谕借此想说，人的智慧微不足道，甚至毫无价值。此话不是专门针对我本人，而是想通过呼唤我的名字树立典范：有一种人比你们更有智慧，就好比苏格拉底。他清楚地意识到自己一点都不智慧。此时此刻，我仍然反复斟酌着这些话，一心紧随神的意念。由于全身心地投入到服务神的伟大事业中，我根本没空打理公务和家务，以致成了现在这副贫困潦倒的样子。"

道德—真理—公平—美德—正义，构成了两位哲学家价值体系的实质性内涵。然而，他们所走的路却大相径庭。孔子认为，公平及道德准则可以通过政策执行而得以保障。他本人也是以理论家和几任朝廷高官的双重身份直接卷入了政治之中。相比之下，苏格拉底则明确表示，"任何真心捍卫公平的人，唯一不能做的事情就是公共事务，即切不可从政。"

在谈及时代的社会冲突时，孔子将原因归咎于对传统道德准则的漠视，以及人们中饱私囊的逐利行为。这种疯狂的贪欲贬低了人性本善的意义，导致了社会本质的整体蜕变，最终走向了暴力狂欢。在这位中国智者眼中，政治的终极目标就是创建仁德生活，而社会稳定的秘籍，就是捍卫能够指导普通民众，尤其是政府官员行为的道德准则。与此同时，这样的准则还因上天（神）的仁慈和明智而具有了揭示性的理性特征。

孔子于公元前551年出生在鲁国。他来自一个没落的贵族家庭，其中不少成员都曾在当地任过历代朝廷的大官。孔子本人也担任过鲁国大司寇，相当于今天的司法部部长。如同世界上诞生的许多伟大先师一样，比如耶稣基督和苏格拉底，孔子也没有亲笔写下他的讲学内容，他的《论语》及其他论著均由弟子们编撰而成。尽管如此，孔子却亲力亲为，收集和编撰了之前的经典古籍。

孔子的哲学着眼于人和日常问题。"多思考实际问题，少触碰超自然的东西。"孔子勉励弟子说。有一次，学生子路问："老师，我们应该如何侍奉鬼神？"孔子答曰："人都没做好，怎么还谈得上去侍奉鬼神呢？"孔子向来要求尊重神灵，他与孙子的想法不谋而合，不要相信飞鸟的预兆，但要"尊重神灵并与之保持距离"。关于死亡，孔子显然继承了中国古代盛行的传统观念，即人有两个灵魂，一个随肉身而去，另一个脱离身体达到永生。尽管如此，他却从不深究来世会发生什么。有一次，孔子的学生季路问："老师，我想请教一下关于死的问题。"孔子答曰："你还没有理解生，怎么能够理解死呢？"

孔子认为，人们可以通过理性去发现该做什么。宗教不能成为人类行为的法律依据。上天、习俗、礼仪、音乐和旧日王国的实践才是智慧的源泉，而理性则能摆正人与人之间的关系。

从三皇五帝时代起，礼仪规范就将宗教、法律及风土人情融会贯通，构建起古代中国的社会与国家。孔子则将这一传统礼仪上升至哲学及教育的核心地位。他明确指出，进行中的礼仪活动，必须饱含真情实感，才能达到预期目的，否则就是流于形式，装模作样。

在孔子看来，人的本性是好的，天生善良。可是，日后生活中的苦难、诱惑、情欲和贪婪，使他们逐渐远离了本性。人的内在修行，能够使其自发行善，构成了个人及社会生活的驱动力。为了成功实现这一修行，达到真理的彼岸，就需要某位老师指点迷津，因为"闭门思过是极其危险的"。

"像爱自己那样爱别人""互爱互助""四海之内皆兄弟"，这里摘录的仅是孔子人文主义思想的部分经典。然而，老师并不提倡平均主义。如何爱身边的人，如何以爱待人，均取决于对方是谁。如果说爱人民，则意味着你爱的人因缺乏修行而无法接受礼仪及习俗规范的教化，因而借助刑法就自然成为你对他们表示爱戴的方法。如果说爱上层社会人士，则意味着你爱的人能够自行理解习俗规范。由此看来，如何表达你的仁爱之心，必须因人而异。

孔子的道德不仅是社会道德，它首先指的是政治道德，即根据君臣、父子、夫妻、兄弟及朋友这五重关系所确定的并且必须严格遵循的政治及社会等级制。

孔子主张君主制，认为这是行之有效的最佳体制。人一旦失去了主子的管教，就会相互之间不断争斗。孔子还象征性举例说明，如同天上没有两个太阳，地上也不能同时存在两个君王。再说，上天并不仅仅指明哪种体制最好，他还会将使命授予俊杰，赐予他天子之名。但是，一旦天子在治国理政中丧失了仁义道德、智慧和审慎，不为民众着想，上天就会即刻发出警示，随之而来的就是饥荒、瘟疫、疾病、洪水和干旱等灾难。如果天子一意孤行，不思悔改，上天最终就会推翻他。换言之，上天会在道德意义上促使反对和推翻天子统治的行动合法化。

作为一国之君，其首要政治目标就是确保国家的内外安定，其次就是避免发生人口生存问题，保障国民过上丰衣足食的幸福生活，同时对他们施以正确的教育，培养他们良好的道德品行。在国民教育中，音乐具有树立道德风范的特点，因而起到了巨大作用。但它也有危险性，容易搅乱人心，放纵情欲。因此，对于音乐，政府必须严加监管，严防谱写和演奏的曲子产生任何负面作用。在音乐问题上，孔子非常接近柏拉图。为了正确施教，必须仔细斟酌和确定词义。如果词不达意，语言就不能与道德保持一致。君君臣臣、父父子子，就是这个意思。在这一观念上，孔子与古希腊诡辩家不谋而合。为了达到政治目的，可以不择手段。君主是立法者、大法官和战争统帅。他有权修改习俗，订立法律。如果愿意，他甚至可以改变书写文字。简而言之，君主可以做任何他认为有必要做的事情。

执政者的执政前提，是他必须具备良好的道德修养，在担起治人重任之前先治好自己。执政者的榜样就是最好的教育及管理方法。当民众确信君王是道德高尚之主，他们也会努力成为道德高尚之人。然而，如同学生需要良师一样，君主也需要汇聚智者贤人，委以他们幕僚和大臣的重任。

从封建社会卫道士的角度来看待孔子，是毫无根据的。因为，西方的封建体制与孔子生活年代的中国土地所有制有着天壤之别。我们可以这样认为，孔子是君主统治模式下的永恒帝制的殉难者。孔子逝世于公元前479年。他在有生之年目睹了时代混乱、百姓疾苦和社会绝望。究其原因，就是统治阶层背信弃义，走上了强权之路。

在世界哲学史上，苏格拉底就像高耸入云的喜马拉雅山，没有一位登山者不想一睹他的真容，征服他的顶峰。公元前469年，苏格拉底出生在雅典。70年后，他在狱中服下铁杉毒酒而身亡。苏格拉底从年轻时代起就开始研究自然哲学，却始终无法找到答案：这个世界为何存在？人在世界中的位置在哪里？久寻未果，他又将探寻的目光从哲学转向了人类自身：何为真理？何为虔诚和亵渎？何为美与丑？何为公平与不公？何为有德与无德？何为慎行与鲁莽？何为勇敢与怯懦？什么是城市？什么是政治家？我们通常提到的领袖又意味着什么？

如同孔子，苏格拉底一生也未留下任何书写文字。后人对他的了解均来自色诺芬、亚里士多德、阿里斯托芬，尤其是柏拉图，后者肯定深刻领悟了苏格拉底的思想。不仅如此，他还能够融会贯通，借以表达自己的观点。第欧根尼·拉尔修（Diogenes Laertius，用希腊文写作的罗马帝国时代作家）曾经这样巧借苏格拉底的惊呼向我们展现了这位伟大的哲人："神啊，瞧这个年轻人把怎样的话语塞入了我的口中！"

关于苏格拉底其貌，也许再找不出比阿尔西比亚德斯（Alcibiades，雅典政治家及演说家）在酒醉后的表白而更具说服力的了。此人将苏格拉底的外貌比作塞林尼（Sileni，希腊神话中的肥水和沃土精灵，长相惊悚）和萨提尔·马尔西斯（Satyr Marsyas，希腊神话中的好色羊男，擅长吹笛）。的确如此，苏格拉底并非俊男。他鼻子扁平，眼睛外凸，大腹便便。孔子的长相同样也被描绘得相当丑陋。荀子曾在论及面相学时说他"个头高挑，脸相怪异"。"然而，当你走入塞林尼的内心世界时，"阿尔西比亚德斯接着说，"你会发现里面藏有神像。苏格拉底也是如此。好比萨提尔用音乐施魔法，苏格拉底则用话语让人如痴如醉。"他终身视财富为粪土，四季仅穿一件破袍，培养了自己抵御艰辛困苦的超凡耐力。在战场上，苏格拉底英勇顽强，行动果敢，甚至"敌人都意识到，遇上这样的对手就算交了厄运"。

作为雅典公民，苏格拉底始终坚守道德信念，坚定履行军事、政治及管理职责。只要他认为是正确、公平和道义之举，就会以惊世骇俗的斯多葛精神（Stoicism，古希腊斯多葛学派，追求内心宁静）无视贵族挑唆和公众舆论给他带来的危险。公元前406年，阿尔易奴塞海战（Arginusae，伯罗奔尼撒战争晚期的一场海战）的胜利者遭到了起诉。一批雅典的军事将领被告上了法庭，其罪名就是未将战死或溺亡的官兵收尸入殓。事实上，当时的海上天气极其恶劣。尽管如此，这一指控依然成立。对于这起审判，民众认为所有将领必须统一受审并统统处以死刑，而不是分别受审和判决。作为庭审当天出任陪审团监事的苏格拉底，与其他被胁迫的陪审团成员之间产生了严重的意见分歧。他不顾民众的愤怒和权势的威逼，拒绝将审判提案提交表决。在三十人寡头统治期间（the Thirty Tyrants，曾经替代雅典民主制并续存了8个月），苏格拉底也同样表达了他的坚定立场。有一次，寡头政权命令他随别人一起前往逮捕萨拉米纳的富商莱昂达斯家。由于众人俯首听命，莱昂达斯最终被捕并惨遭杀害。只有苏格拉底对此置之不理，甩手回到了自己家中。

长久以来，苏格拉底一直延续着荷马（Homer）和赫拉克利特身上特有的某种传统,即期望人们不要觉醒并在昏睡中度过余生。他曾直面审判官们说:"雅典的男人们,你们当然一见我就暴跳如雷,就好像犯困的人被吵醒一样。如果你们杀死我,你们将在沉睡中度过余生。除非神挂念你们,另外再派一个人来。"

荷马在诗中仅有一次希望奥德修斯高枕无忧,那是趁着他的同伴打开风神口袋的时候。其结果当然不言自明。"我们不该像熟睡的人那样做事和说话",赫拉克利特明确指出。无知觉者或睡梦中人,由于受外界环境瞬息万变的操控,随波逐流,任凭摆布。他们对事物变化的深层次原因毫不关心,完全屈服于自然力量。就像奥德修斯的伙伴们,由于自身的麻木不仁,而被基尔克(Circe,希腊神话中的次女神,亦称巫女或仙女)瞬间变成了猪猡。这样的人毫无责任可言。他们向来没有存在感,实际上从来就没有产生过自我存在意识。

贯穿苏格拉底思想体系并为幸福生活指引方向的基本原则有如下三条,"没人是坏人""我知我无知"和"认识自己"。

苏格拉底解释说,没人愿意做坏事,因此没人是坏人。人的美德与知识相遇相知，相辅相成。美德造就幸福和快乐；作为知识结果，人们主动、自觉地生活在这个世界里，而不会被任何病原性邪恶所侵害。

苏格拉底的第二个基本原则反映在这句话里："我唯一知道的，就是我什么都不知。"显而易见，苏格拉底在此采用了反讽及悖论的表现形式。从苏格拉底表明他一无所知的那刻起，也许他早已略有所知？这当然是一种夸张的表现手法，其目的就是要强调他想表达的道理。苏格拉底曾在《辩护》中说："我边走边想，比起这个人，我更有智慧。因为，兴许我俩都对美与善一无所知，可他却认定自己略知一二，其实什么都不知。而我呢，如同我确实不知，我也不相信自己有所知之。这样看来，起码在这件小事上，我显得更有智慧：凡是我不知的，我不会假装知道。"

对上述无知状态的清晰认识，构成了走向真知的起始点，也就是构成了寻觅真知的前提和跳板。承认无知，其前提就是要勇敢地"放弃"和"毁灭"以往的自我，摒弃徒劳无益的自我卖弄。奥德修斯在波吕斐摩斯（Polyphemus，希腊神话中的独眼巨人）的洞外变成了

"无形",一个失去了往日自我并消失了的人,一个由变幻莫测转变为一无是处的人,一个太阳当头照、连其影子都见不到的人。然而,这一切仅仅是重获新生的开始。奥德修斯的旅途经历,赋予他图新求变的智慧,一种摆脱了狂妄自大和虚假博学,转而走向自我认知的智慧。

德尔菲的著名警句"认识自己",构成了漫长而艰辛的求知道路的第三个基本原则。在《辩护》的尾声,我们聆听到苏格拉底对雅典人的倾诉:"也许你们中间有人会对我好言相劝:苏格拉底,你不会得逞。离开这里吧,找个安生度日的闲处,管好自己。这也许就是你们最难搞明白的地方。如果我心存此念,那就是顶撞了神,因此怎能安生度日。你们肯定不信我的话,认为我在嘲讽大家。如果我不厌其烦,坚持对大家说,人的最大财富,不过是终日谈论美德,认真审视此刻你们正在听我谈论的、有关你我及每个人的事情。不搞懂这些事情,生命就毫无意义。这样一来,我在你们心中就会变得更加不可置信。"最终,苏格拉底还是受到了指控,其罪名就是蔑视及诋毁神的价值。他本人则以实际行动证实了,只有紧随通向美德的求知路,人活得才有价值,才是对神的价值的最大认同。

与孔子一样，苏格拉底也是理性主义者。他信任人的大脑思维，相信人有能力区分善恶，并知晓如何行善。人没有必要求助神谕或神灵，只需通过缜密的逻辑思考，就可以把握真理，明白如何做人和如何生活。所谓智者，就是这层含义。一个人只要勇于遵循逻辑，就能够认知什么事物对其本人及全社会有益。通过对话、问答和循序渐进，即著名的苏格拉底助产法，你就能够最终抵达真理的彼岸。使命必达就是美德之源泉。一个人知晓该做什么，才能达到目的。而在城市生活中，正义就是使命。

毋庸置疑，从希腊神话的传奇角度看，苏格拉底并非特别虔诚。在他的眼里，神本应拥有更加崇高的境界，代表着绝对的善和美，而不应像是那些住在奥林匹斯山上成日吵吵闹闹的房客。苏格拉底时常以一种风趣的幽默欣然接受具有城市凝聚力的宗教礼仪和习俗。也许正是这一点最终要了他的性命。

许多世纪以来，有一个问题始终困扰着人们：一个像公元前5世纪雅典民主这样的辉煌政体，怎么能够轻信一群小人提出的无端指控就将苏格拉底这样的人物判处了死刑？其实，这个问题还会长久困扰着全世界。确定无疑的是，当时的雅典的确存在着一个严厉、苛刻、保守的政权，一个由于担心独裁或寡头统治以及公共资产流失而疑神疑鬼的政体，一个堆满目录、图文、表格和名单，官僚主义横行、对小民充满偏执的政体，一个因害怕改革派在雅典社会占据上风便对其实行打击报复和驱逐流放的政体。

这样的例子不胜枚举。阿那克萨哥拉斯被通缉，之后被迫逃离城市；埃斯库罗斯（Aeschylus）被强制流放到西西里岛；普罗泰戈拉被四处缉拿，被迫出走，他的所有书籍被付之一炬；苏格拉底被判以极刑；亚里士多德被强制发配到哈尔基斯。所有当初那些拥抱人文思想、叛逆崛起的城市，转而开始疯狂屠杀无畏的勇士。"耶路撒冷，耶路撒冷，屠杀先知的城市，石头砸向使徒的城市。"使徒卢卡斯大声疾呼。

苏格拉底有关政治的思想对后人产生了深远的影响。首先，苏格拉底认为，政治不是一个单纯一般的实力游戏。它确实可以这么玩，但如果有人相信其能力足以确立一个正确无比的政治，那便是自欺欺人。也许他们会一时成功，但终将惨败而归。如果有人认为，其实力足以获得某个统治头衔并以此为所欲为，他也应该承认如下事实，即终有一天一个比其实力更加强大的人会成功实现权力反转，凌驾于他的头上。"人的行为就像天上盘旋的小秃鹰，在本能的驱使下从天而降，奋力扑向猎物，却看不到头顶上方还盘旋着一只更大的秃鹰，以更迅疾的速度抢到了猎物。"许多世纪之后，马基雅维利证实了这一点。

如果一个人自以为在逐利中能够获益，一定会有另外一个人迫使他服从法律；如果此人希望社会对他满意，他就必须努力寻求全体公民的满意，并使其个人状况成为全天下的普遍状况；如果社会能够兼顾整体利益、保障每一位公民都能得到公平待遇，个体利益也就自然能够得到保证。仝社会的整体满意是公平正义的体现，也是对个体满意的担保。普天下的统一状况，才是绝对的善，才是正义和真理。然而，谁又能够说明谁的动机是合理的呢？难道这里指的是无知、狂热和心存恐惧的大众百姓吗？肯定不是。民主需要指引。正因为此，苏格拉底才开始着眼于有思想的贵族群体，期望引导他们寻求公平正义。这样一旦主政，便能以智取胜，良好治国。与孔子不同的是，逻辑思维在此成了唯一的行为指南，而不是将传统经验视为正确的标准。

在当时的那个年代，雅典社会的民主妥协性和顺从性根本无法容忍苏格拉底的颠覆性质疑，并最终将他判处了死刑。在法庭上，苏格拉底坚持自我辩护，断然拒绝了由委托律师代为辩护的惯用制度。他没有聘请擅长庭审辩论的职业高手，也没有借助哭诉为自己鸣冤。苏格拉底心里明白，屈膝求饶只能让庭审法官幸灾乐祸。他坚定追随毕生遵循的道路，而这条道路最终在那一天将他引上了法庭。面对指控，苏格拉底用回答坚定捍卫了真理，一种并非庭审权限范围内、超越了绝大多数人、当然也超越了制度权势的真理。

如同柏拉图记载的那样，苏格拉底的《辩护》将我们上升至哲理文学的巅峰。在那儿，你可以倾听苏格拉底的风声。世上极少有这样的文笔，能够支撑一个人在孤独拼搏中屹立不倒。"到了我们要离开的时辰了。"当部分庭审法官对苏格拉底给予无罪投票时，他恳求大家再留下一会儿，以便在正式拘捕他之前与大伙儿再做一番交流。"让我死吧，你们活着。谁走得更好，只有神知道。"

# S

> 修昔底德—韩非子

修昔底德

韩非子

无独有偶，修昔底德（Thucydides）和韩非子都生活在极其相似的动荡年代。前者所在的希腊正经历着一场史无前例的残酷内战——伯罗奔尼撒战争（Peloponnesian War），后者所在的中国也正处在刀光剑影的混乱年代——战国时期。为了表现政治，修昔底德撰写历史；而韩非子讲述历史，同样也是为了论及政治。撇开各自的理论束缚和道德捆绑不论，政治就是他们的共同舞台。

在他们生活的社会中，内部变革风起云涌，地主贵族体制受到巨大削弱，新兴社会阶层要求分享权力的呼声日益高涨。波斯战争胜利后，雅典民众大力发展城市商业，兴建战舰，进军政坛。在中国，大批农民弃农从戎，形成了战场上的主力。新组建的骑兵不再仅仅来自贵族家庭，还可以从精通骑术和箭术的民间家庭招募；他们在军队及军事管理方面极大地排挤了旧贵族群体。上述历史事件同样引起了巨大的思想变革。传统价值观和道德观开始消退，代之而起的是有序、守纪和实效等新型观念。

修昔底德出生于公元前455年。他是色雷斯沿海地区一家金铺的主人，不到30岁就被推举为统帅，成为伯罗奔尼撒战争初期统领七艘战船的指挥官。在安菲波利斯（Amphipolis，古希腊城邦）被斯巴达人攻克后，修昔底德因驰援缓慢而遭到指控和流放。战争尾声，该流放令被取消，修昔底德才得以重返雅典。

从开始动笔的第一刻起，修昔底德就明确表示，他的写作动机不是要说愉悦的事情，而是要说有益的事情，那些对未来具有实用价值的事情。再说了，人性是与生俱来的，后天无法改变。因此，他想努力去做的，就是通过历史，尤其是复杂事件的讲述，重点突出那些虽具不同时代特征却有规律可循、重复发生的事情。从某种意义上讲，这种写史方法与实证及自然科学有着相似之处。修昔底德善于从众多个别现象中发现并指出它们的"普遍价值"特征，进而将其转换为政治决策的固定工具。他通过记录、表述和分析，努力寻找并发现变化中的不变，以及由不同独立事件映衬出的重复与重合，将它们作为参考和借鉴，提供给人们的日常组织生活。修昔底德不说教，不评判。

尽管有时不尽如人意，但他始终要求自己做到客观公正。

修昔底德从不看好人性。从他的个人态度，尤其是公开演说中可以看出，他深刻触及了人在特定条件下的某些精神及行为领域，验证了人的种种弊端，比如对道德和法律的蔑视和冷漠，对财富的贪婪、公平的缺失、相互之间的嫉恨、丧失理智的狂躁和暴怒、爱听花言巧语的癖好。而一旦这些弊端被别有用心的党派或权势所利用，就会导致整个政治生命体系的极度失衡。

修昔底德从来也不信任公众。就拿雅典公民大会修改有关米蒂利尼人的决议来说，他认为这绝不简单是某种公众舆论的隔夜转变，而是体现了某种人言变化无常、行为摇摆不定的特征。具体来说，在这种特殊情况下，雅典人不会做出任何违背公众意愿的事情。按照修昔底德的评价，广大民众对规则的重新修改和特殊定义，才能将他们自身转换为社会平稳运行的重要因素。

在希腊历史学家眼中，法律是社会组织的先决条件。人的自我本能，如果不受法律的强行制约，就会见缝插针暴露无遗。尤其像在政治这样的领域，虽不能彻底消除本能，起码也应负责任地对其加以限制，否则，人的本能更加容易爆发。科孚岛（Corfu）上的民主派与寡头派，在双方激烈冲突中所表现出的疯狂暴行，赤裸裸地记录了人的本能在政治庇护下的失控状态——所有事端的起因，均源自人们在贪婪和野心驱使下的权力欲望。从卷入党派之争的那一刻起，他们的狂热便会急速升温。任何人一旦脱颖而出，成了政治首脑，就会立刻喊出一些优美动听、冠冕堂皇的口号，宣称自己多么主张全体公民拥有参政议政的同等权利，或是多么赞同创建一个由精英阶层构成、既有知性又有尺度的国家政权。他们表面装出一副为民众谋幸福的样子，暗地里却干着中饱私囊的勾当。

也许有人会提出异议，认为上述观点不具备普遍性。因为，上面提到的事情都发生在内战时期，以致法律及社会生存法则在当时的社会条件下完全不起作用。对于这样的反对声音，修昔底德只表示了部分赞同。他认为，在和平年代，社会繁荣，人们身心愉快，丰衣足食。此时就会心生善念，遵纪守法。反之，战争极易打破规则，迫使人们违法乱纪。但修昔底德又进一步解释说："的确如此，处在这种状态下，国家的正常生活被彻底打乱，人的本能暴露无遗，开始肆意践踏法律。此时此刻，就算法律依存,也形同虚设,人的本性依然会趋同于不公。"再说了,即使在某些场合,人类善恶的真实本性得到了证实,这通常是得益于艰苦环境、而非闲暇状态的激发。因此,修昔底德得出这样的评估:"一个法律不全,却不轻易修改的国家,要比一个法律健全,却行之无效的国家强大得多。"

修昔底德还证实了,在政治舞台上,强者恒强;强者的利益就是公平的尺度。这一点在雅典人与米洛斯人(Melians)的那场极具犬儒风格、毫不讲理的对话中暴露无遗。米洛斯人以服从神谕、公理和道德为由,断然拒绝加入雅典为统帅的联盟。雅典人则以暴力口吻应答,凡是权力主宰的地方,就没有道德可言:"如果你我之间还有什么可商量的,那就让我们好好议一下,看看各自的真实想法中哪些具有可行性。雅典人心知肚明,公平这玩意儿,只有当双方需求达到平衡时,才有可能达成一致。在现实社会中,只有强者才能最终实现愿望,而弱者只能委曲求全。"总之,所谓的公平,向来就是这样定义的,强者摆布弱者,强者占有弱者。

在司法制度方面,修昔底德借助埃弗克拉迪斯

（Eucrates，伯里克利斯的继任者）的儿子狄奥多德斯那段有关是否应当处死背叛雅典同盟的米蒂里尼人的精彩演说，抨击了一项仅为警示而采用死刑的立法。"在很多国家，许多情节轻微的罪犯，照样被判处死刑。然而，人们仍旧无视惩戒，心存侥幸，妄想躲过法律的制裁。所有人在以身试法之前，都确信自己能够逃避惩罚。从国家层面讲，在对本国或联盟实力足以制胜毫无信心的情况下，谁敢轻举妄动？任何个人或民族，都有与生俱来的、不合理及不公正偏向，世上也不存在任何可以约束他们的法律。正因为如此，人类自身才发明了各式各样的刑法，希望通过强制执行有效抵御恶人的侵害。当然，也许之前对重罪的量刑较轻，但随着违法犯罪现象的加剧，所有的刑法都从重处置，直至死刑。尽管如此，犯罪现象仍然猖獗。因此，我们必须找到一条比死刑更严厉的刑法。否则就将被迫承认，世上任何东西都无法阻止犯罪。穷人绝望中的铤而走险，统治者的高傲与贪婪，贫困激起的愤怒。总之，所有这一切时刻都在蠢蠢欲动，将人们引向犯罪之路。情欲和愿望（前者在先，后者紧随。前者设想如何干坏事，后者妄想如何走运）容易引发巨大的灾难。它们藏匿人心,无法看见,因此比表面危险更险恶。与此同时,侥幸心理也会诱发鲁莽行为。它防不胜防,猝不及防,让人干出一些超乎能力的事情。尤其在国家层面上,这样的事情更是屡见不鲜。因为那里发生的一切,均关乎巨额财富、自由以及争夺统治权力的大事。在这种形势下,每一个公民都会联手其他公民,采取共同行动,于是高估了个人的力量。简而言之,当人性的欲望冲动驱使某人采取某个行动时,此刻谁还坚持认为,法律或其他威慑能够有效阻止他的行为,那就是莫大的荒唐。"

谈到死刑,我们还联想起另一项政治准则,即切不可让对手陷入绝望。在大多数场合下,给对方留下一条逃生的出路,好于将其置于死地。只有这样,二次求生的念头才会潜入脑海。"千万不要相信,"修昔底德借迪奥多德斯之口继续说,"死刑能够保证不再发生犯罪,并以此为借口施以极刑;也千万不要抱有这样的想法:犯错的人必死无疑,因为他们永远不会悔改,也不会很快改正错误。"

政治决策始终以利益为基础。而其他的一切都是空虚的言辞、延迟的借口和犹豫的表象,都是对政治效力,这个评判政治正确与否的唯一标准的重大威胁。修昔底德通过描述科孚人的建议再现了这一准则的普遍适用性。曾几何时，科孚人预感到某种潜在的威胁，于是谋求与雅典人订立同盟。他们一起来到公民大会，不再唇枪舌剑，纠缠孰是孰非，而是直奔共同关心的主题——利益，特殊政治条件下的相互利益。"求助的一方必须率先有所表示。最为重要的是，他们的任何要求都应有利于对方，或者起码不损害对方；其次，他们还应回馈被求助人。"在"给予与回馈"的政治交换中，科孚人慷慨解囊，奉送了希腊第三大海上舰队，附加通往意大利和西西里必经之路的战略要塞。他们所要求的回报，仅仅是雅典同盟的保障和支持。而对于他们在此之前为何拒绝雅典提出的加盟请求，这样一个看似合情合理的问题，科孚人似乎也早有思想准备。他们不等对方提问，就主动对以往的错判表示了歉意。在政治舞台上，固执、高傲以及任何形式的道德约束都无地自容，甚至尊严也会退避三舍。面对迫不得已的需要，目标和利益主宰着一切。

在雅典人看来，事情很简单：岛上的民众势力主动提出加入雅典同盟的请求，起初是因为恐惧，之后为了名誉，最终则为了利益："由此看来，我们也没必要去做不符合人性的事情。在恐惧、心气和利益的驱使下，他们主动接受了招安。我们就权当这是送上门的统治，又何必轻易放弃呢？"当然，雅典人还不忘以此为戒警告斯巴达人，当必须服从利益时，后者却背信弃义，诉诸武力去了。

任何人都不会抱有幻想，所有人都会默认这才是游戏规则。为了保护维奥蒂亚（Boeotia），斯巴达人占领了普拉塔伊阿（Plataea，维奥蒂亚东南面的希腊古城）。此时，作为当下雅典同盟成员的普拉塔伊阿人，却想起了当年温泉关战役中与斯巴达结下的生死同盟，并开始大声疾呼，必须坚守之前双方共同奉行的信誉及道德信念，结果却无济于事。他们还无谓地反唇相讥：面对维奥蒂亚人送上的利益和维奥蒂亚人对普拉塔伊阿人的仇恨，如果让斯巴达人在二者之间做一番利益与正义的权衡，显而易见，他们肯定会将利益置于正义之上。在"有判必死"的走过场审判后，所有普拉塔伊阿人都被送上了刑场，根本来不及回答这样一个具有犬儒风格的简单问题："在这场战争中，你们到底是否做过一丁点儿有益于斯巴达及其盟友的好事?"事实再一次证明,在政治领域,道德一旦摆在利益面前,就不再是名誉的评判标准和比较尺度了。只要事态的发展背离了之前的期望或设想,断绝以往的关系和重新确定关系就不会受到谴责。因为,随着事态的发展,新的利益也会随之产生。

我们还可以试想一下,修昔底德面带一丝钦佩的微笑,借科林斯人之口娓娓讲述着一件件新鲜事物。对于这样一些与时代经济、社会及政治密切相关的事物,不仅他本人会表示赞许,而且同时代的雅典民主派也会敞开欢迎的怀抱:改革进取、思想尖锐、果断决策、雷厉风行、勇敢、乐观、再接再厉以及居安思危。"雅典人生来就是让自己和他人都不得安宁。用这句话来形容他们,那就说得太对了。""反观一下,"科林斯人接着对斯巴达人说,"如果将你们的习惯与雅典人相比,真是显得有些老套过时了。可是,这就好比一门艺术,出于某种需要,新鲜事物会层出不穷,并始终占据着主导地位。换句话说,如果无人干预国家,维持现有法规制度就是上策。可一旦国家卷入纷争,就必须立刻调整方法和策略。正因为此,雅典人的制度才快速做出了应变,因为他们始终乐于尝试不同的新鲜事物。"

"时代政治改变了，方法也要随之改变，"韩非子这样说道。"远古时期，人们比的是美德；而时至今日，人们争的是技巧和实力。时下的习俗今非昔比。与过去相比，当今时代要求手段常变，方法常新。在疯狂年代，如果仍想用温和手段治人，那就好比在没有缰绳和皮鞭的情况下想要驯服一匹奔跑的烈马。"

在政治事务中，修昔底德尤其重视突发事态，即一股超乎神与人的神秘力量及"命运"起到的重要作用。在后来的罗马文学中，命运及其相关含义在人类活动中的重要意义，几乎上升到了无以复加的地步。历史学家和道德学家，比如提图斯·李维（Titus Livius，古罗马历史学家）、塞内卡（Seneca，斯多亚学派哲学家，尼禄皇帝的导师）、撒路斯提乌斯（Sallust，古罗马作家）、西塞罗（Cicero，罗马共和国晚期哲学家及政治家），当然还少不了马基雅维利，都让命运在人类活动中扮演了举足轻重的角色。

在政治方面，无论怎样猜想和预测，无论如何周全和缜密，都无法阻止意外发生，都会最终导致先前的精心策划被全盘推翻。我们通常所说的假设、谋划和结论，在多数情况下都是头脑冷静思考的产物。但是，命运的捉弄和突发事件随时有可能推翻这一切。突然降临雅典的可怕瘟疫，命运的变化无常，"完全超乎了我们的理性推论，"伯里克利斯坦言。正是这场突如其来的大瘟疫，对伯罗奔尼撒战争的局势产生了巨大的影响，起到了举足轻重的关键作用。

随着斯法科蒂里亚（Sphacteria，位于伯罗奔尼撒半岛西端）事态的发展，雅典军队最终采取了登岛行动，并一举俘虏了292名斯巴达战士。考虑到局势的动荡和命运的反转，斯巴达人精心构思了一条和平倡议。他们对雅典人说："有些话听来好像不合逻辑。你们的国家此刻如此强大，接下来的事情也将对你们有利。因此，你们完全有理由相信，运气永远与你们同在。但真正有理智的人，却能够意识到命运的扑朔迷离，从而牢牢管好已经到手的财富。当然喽，有理智的人都会这样认识战争，尽管它在某一阶段会对一方有利，但不会永远对他有利，而是听凭命运的摆布。"

在政治舞台上，你应当清楚何时启动、走到哪里以及如何终止。一旦事态发展到某种难以把握的程度，它将完全失控。以往的成果将付之东流，未来将变得不可捉摸。斯巴达人充分意识到了这一点，于是提出了和解协议，"一旦局势突变，出现不可逆转的势头，到那时候再提出和解就太迟了"。当极限被打破，也就没有了回旋余地。最终，雅典同盟惨遭失败，斯巴达人在全希腊占据了统治地位。这场战争的结果，再一次无可辩驳地证明了人类命运的反复无常。

在幅员辽阔的地中海世界，尤其在其政治、法庭及军事领域，诡辩术及修辞术的价值，无疑引起了社会人士的高度关注；在这样一个社会里，人人都想在政治和精神上拔得头筹，有所斩获。修昔底德就是这个社会中的一员，同时也是一位目光敏锐的社会观察员。

我们当然不能脱离时代的智者精神和诡辩行为来认识修昔底德。可以想象，诡辩派们一定会系统打造说话艺术，精心构建语言的外部结构。更为重要的是，他们会在人类灵魂和大脑的隧道中努力发掘这个伟大"统治者"和"治疗师"的力量所在；他们将发现并完善演说术技巧，将其不断推向极致，使其顺理成章地与他们的名字融为一体，并最终合二为一，成为诡辩术的同义词。"语言，可别小瞧它渺小而卑微的身段，"高尔吉亚（Gorgias，古希腊修辞学家）说，"它能够挥洒神来之笔，消除恐惧，驱除悲哀，带来快乐，唤醒怜悯。"语言同样能够用来劝说、疗伤和欺瞒。恰当的"时间"、听众的成分及其内心期许、政治态度、宗教信仰、当前形势，所有这一切都在演说家材料收集、加工及组织的考虑范围内。即兴发挥，精准选词，准确把握听众口味，妥善处理比喻、隐喻和重复技巧，所有这些均被系统运用，为最终干预和构建政治提供了不可替代的工具。"演说术的最大成功之处，"精通此术的诡辩家高尔吉亚继续说，"就是能够巧用语言，在法庭上说服法官，在议会上说服议员，在大会上说服成员，以及在任何带有政治色彩的集会上说服公众。"

"首先你要确认，你的言辞内容与风格相互统一，二者之间没有冲突；其次就是千万不要让你的对手在诚服于你的演说天赋之前产生任何疑虑和畏惧。"韩非子这样劝说。在修昔底德笔下，埃弗克拉迪的狄奥多德斯从辩论一开始就努力控制情绪冲动。在他看来，急躁和愤怒是理性判断的大敌，"前者会让你满嘴胡言，后者会暴露出你的愚钝和浅薄"。修昔底德有关是否应判死刑的周密分析，几乎涵盖了与演说均衡相关的方方面面：事先充分考虑现场听众的心理成因，再与煽动雅典公民负面情绪的克里昂（Cleon，雅典统帅之一）形成对立，最后明确表明演说的目的，即推翻对米蒂里尼人的死刑判决。对于那些背叛者，狄奥多德斯在通篇演讲中没有采用"人"的概念，而只使用了"恶棍"一词，希望借此与听众达成某种意见默契或协议默认。在做出所有上述铺垫之后，他才开始展现诡辩家的演说天赋，逐步扭转了现场的颓势。

韩非子本人是个口吃，却写出了有关演说术的最精辟的分析文章："从整体上讲，修辞艺术的难处不在于我们对其专业知识的把握，而在于我们是否拥有驾驭听众的能力；不在于我们是否称职做一个优秀的演说家，而在于我们是否能够被听懂；不在于我们是否敢于说出想要表达的思想，而在于我们是否能够将其贯穿始末。演说术的全部奥秘就在于，我们是否能够以适当的言辞直达听众的心扉。假如向一位崇敬美德的君主谈论利益，他一定会嗤之以鼻，向我们投来鄙夷的目光；假如对一个利欲熏心的君主高谈'美德'，他一定会指责我们缺乏现实主义精神，并砸掉我们的饭碗；假如对一个表面冠冕堂皇、实际只重效益的君主大谈诚实，他一定会设法摆脱我们；而一旦投其所好，他又会立马重用我们。所有这些才是我们必须格外关注的。"

然而，演说术一旦变为哗众取宠的高谈阔论和纯粹修辞的自娱自乐，将对政治产生巨大的威胁。"你们这些人，早已习惯扮演言语的观众和行为的听众，"修昔底德巧借克里昂之口对雅典公民说，"你们总是根据那帮老练演说家的言辞而做出判断，却从来不相信自己的亲眼所见。在痴迷新型语言、抵制传统经验上，你们真算得上一马当先，出类拔萃。你们是一群偏爱悖论的奴隶，却对习惯不屑一顾。换言之，你们就像在现实世界里寻找天方夜谭，根本无法做出客观及真实的判断。"作为自身也是一位优秀演说家的修昔底德，他深刻揭示了那些深晓演说术内在危险，却仍然目中无人的演说家。"至于那些满口花言巧语、令你们神魂颠倒的演说家，他们将由此获得更多的、谈论无关紧要话题的机会。而面对他们所带来的短暂惊喜和民众欢呼，以及国家必将为此付出惨痛代价这样的重大话题，他们一定会闭口不谈。"

韩非子是战国末期韩国的法家思想家。他出生于公元前280年,早期受荀子政治现实主义的影响,后来又追随商鞅的法家思想并将其发扬光大,成为法家思想的集大成者。他的著作《韩非子》,被公认为是中国乃至世界政治思想史上最重要的著作之一。他的有关国家政治和组织的观念,构成了古代中国统一帝国的思想基础。

假设在修昔底德那里,同盟之间的游戏始于一场不可避免的战争的初始阶段,那么在韩非子生活的中国,这场游戏则始于战国中期。当时的秦国,势力范围急剧扩张。韩国人得知消息,这个强大的邻国即将对他们发起进攻。于是,韩非子毅然决定前往劝说秦王,希望他取消进攻。"我们处于贵国的软腹地带。一旦发生针对您的战争,我们即可成为您的防御前沿。此外,我们还向您缴纳税赋,就像是您自家耕种的土地。在战争年代,我们冲锋在前,替您抵挡威胁;在和平年代,我们又为您铺好草垫,保障您的一方安宁。因此,您没有任何进攻我们的理由啊!千万不要逼着我们走投无路,去投靠齐、魏、赵、楚、燕的联盟。到那个时候,事态就难以掌控了。"

而在另一方面,韩非子的旧日同窗、后来又将其杀死的秦国大臣李斯却另有谋算："对秦国来说，韩国人就像心脏里的杂音，休息时你会感到不适、气短；而一旦遇上天气潮湿，这种不适就会愈发严重；万一急速奔跑，更会让我们喘不过气来。韩国人是我们的附庸，但谁又能保证他们不会蚕食我们呢？在危难时刻，我们切不可依赖他们。眼下，我们马上就要向赵国宣战了。如果让他们抢占先机，韩国人一定会投靠他们，成为插入我们心口的一根刺。"李斯非常清楚秦国的实力，当然也晓得当下的局势，因此不想给对手留有秣马厉兵的足够时间。他料到韩国在同盟体系及地缘政治中的敏感地位，于是想方设法，避免事态的恶化和失控。此时此刻，不允许任何消极怠慢和延误战机，而必须迅即在同盟间的微弱平衡中发现利益的天平向哪儿倾斜。秦国强大，韩国势必俯首称臣，而剩下的说辞都毫无价值。最后李斯还不忘提醒韩国人，千万不要轻举妄动，允诺赵国军队过境韩国。因为赵国人一旦进来，就再也不会离去。

李斯也从韩非子的政治历史宝库中发现了有用的论据。有一次，晋献公请求虞国开放边境，以便他的军队长驱直入，攻伐虢国。他的智囊荀息深知虞国国君酷爱珍玉和骏马，于是建议作为交换条件，将晋献公最珍贵的玉石和最漂亮的两匹宝马赠予他。晋献公难以割舍，不想失去这些宝物。荀息便宽慰他说："您就权当您的宝马和珍玉在他的马厩和宝库里待些日子。一旦夺取虢国，我们再立刻折返，取回这些宝物。"虞国国君一度考虑接受这一交换提议。此刻，大夫宫之奇却在一旁警告说："大王千万不能这样做。虞国和虢国唇齿相依，唇亡则齿寒。如果您允许他过境，我们的国家必将步虢国之后尘。"虞国国君没有听进谏言，其结果正如老臣所料，虞国也被灭掉了。

在韩非子看来，贪图享乐和惧怕危险是人性的两大特点。人永远欲壑难填，其贪婪和欲望构成了一切社会动荡的渊源。而统治政权则必须抑制这种贪婪的极度膨胀。如果君王希望社会平稳有序，就必须将人的动物胃口及本能置于其绝对掌控之中。任何违背自然的东西都会阻碍社会的正常运转。宽宏大量、诚实坦荡及公平正义都会放纵本能，因此必须被铲除。

国家法律不应与人性对立，而应妥善引导它，培养出人性的第二特征，而公民也应自然而然地服从法律，"就像饿了要吃、冷了要穿"那样。这样一来，强制命令就显得多余了。法律成了规范行为的唯一准则。在制定社会稳定的大政方针中,诸如个人意志及个人或组织的为所欲为,都不应占有一席之地。任何忍让和退却,都会使法治秩序付出惨痛代价,都会构成不可挽回的政治错误。卫嗣君在位时期,一个服劳役的犯人逃到了邻近的魏国。他成功医好了魏襄王病重的母亲。卫嗣君得知此事,便向魏国国君提出要求,想用50个金币换回该逃犯。卫嗣君先后五次派出使者,但次次遭到魏襄王的拒绝。卫嗣君见状,马上又提出以一整座城池作为交换条件的请求。臣僚们听后不禁愕然,"这怎么可能?为了一个卑鄙的逃犯,竟然付出整座城池如此巨大的代价。""你们难道不懂吗?"卫嗣君对他们说,"从维护国家秩序的角度看,治无小,乱无大。如果法律得不到有效执行,罪犯就会逃避惩罚,使得我们拥有的一切前功尽弃。法律必须严厉打击罪犯,哪怕付出十座城池的代价。"一听到卫嗣君的这番话,魏襄王便感叹道,千万不要惹怒一位全力恢复秩序的国君。于是,他放弃了任何交换条件,主动用囚车将逃犯送回了卫国。

法家商鞅希望通过农耕和战争这两项基本活动,以及监控、通报和联保责任制来控制民众，却没想到最终走向了绝路。韩非子则是一位现代派和现实主义者。他认为，法律的有效执行，应当被置于管理以及官员和职员的监督之下；而君王只需对其加以审核罢了。只要管理运行正常及有效，君主就可以轻松掌控臣僚这个小圈子。平日里，这些大臣就像一帮厨子，他们做好汤羹，随时等待君主前来品尝，而心底下都隐藏着一个目标，就是"撬动"君主的权位，最终取而代之。那个在逃犯以及受命追捕逃犯的人，虽然二者动机不同，却都在奔向同一个目标。国君还必须守口如瓶，不让任何人知道他的秘密和计划，直至行动结束。政治上的成功取决于严守秘密。机密外泄会带来致命灾难。君主不仅要学会分析百姓说的话，还要懂得揣摩他们的沉默。君主不能向任何人流露真实想法，甚至面部表情也不能暴露其内心世界。"注意你的言辞，别人也许会悟出什么；注意你的行为，别人也许会如法炮制；如果你摆出一副知道的样子，别人就会隐蔽起来；如果你看上去一无所知，别人就会欺瞒你；如果认为你智力超群，别人就会退避三舍；如果以为你是个白痴，就会玩弄你。因此，只有不动声色，才能掌控全局。"宫廷必须是一个恐怖加工厂，让恐怖无处不在，时刻蔓延。而对于身边的那些人，君主永远不要奢望同情或同谋。

君主应当时刻铭记，最大的危险不是来自弱者，而是强者。同时努力做到执政不露声色，静观各司其职，就好比公鸡打鸣，猫捉老鼠。

在法家商鞅的管理体系中，有专业有思想的官员往往得不到重用。那些应聘候选人简历所记录的，尽是谁砍下的敌人头颅最多。韩非子则反对这样的简单做法。一个技艺超群的剑客，如何有能力管理人力或财力资源？而谁又敢担保，一个拎着三五个人头、来到战场表现评定委员会面前的勇士，能够胜任郡县或大区首领的要职？"我们可以假设一下，"韩非子说，"如果有一条法律规定，谁在战场上砍下敌人的头颅，就可以成为医生或木匠，那么结果肯定是房子盖不起来，病人也无法治愈。国家官员这样的职责，需要头脑和知识。因此，用上述方法选才用人是极其荒谬的。"韩非子希望军事社会向政治社会转型，因为，一个以粗鄙农民为主体的社会，只能是纯粹的乌托邦。

早在公元前250年，韩非子就将自由经济推向了极致。与其相比，米尔顿·弗里德曼（Milton Friedman）以及芝加哥学派（School of Chicago）的追随者就像是一群刚入校门的大学生。在法律层面，一旦善良、名誉、道德、同情，以及纵容弱者逾越法规占据了原则性的主导地位，国家势必无可救药。秦国闹饥荒时，一个嬴姓诸侯好心对主子说："宫廷园林中有橡子、栗子、蟋蟀和野草，足以拯救生命。请大人将它们恩赐给穷人和无助的人吧。"君王听罢回答："如果我将林中的果蔬赐予大家，的确可以挽救一些生命；但同时也默许了不劳而获的懒人和废物来争抢我的施舍，并严重伤及那些诚实、勤劳和自食其力的人。因此，我更乐意失去一些生命，换取社会的安宁。"

韩非子认为，以社会标准重新分配财富是不可理喻的。"每当我们就社会政治问题请教导师时，他们便会马上回应，我们必须接济穷人，帮助弱者。而事实上，穷人游手好闲，好吃懒做。勤奋刻苦和精打细算的人才能致富。如果君王向富人纳税，转手接济穷人，不就等于向经济活动和生产劳动索要份子钱，用于鼓励懒惰吗？我们无法想象，这样的政治能够造就勤劳致富的人民。"

雅典人一直在寻找某种具有示范效应的惩戒典型，用以威慑那些实际上在实行独裁统治的盟国，防止他们起兵造反。最终，雅典人在起义的米蒂里尼人身上找到了答案。他们决定杀死所有的成年男性，将妇孺贩卖为奴。韩非子也曾提到："秦文公力图改革刑法，于是召集地主贵族和文武大臣来议事。其中一位宠臣姗姗来迟。面对大臣们的苦苦哀求，秦文公就是不答应，并当即下令刽子手砍下了他的头颅。显而易见，秦文公急需一个示范并且如愿以偿了。在场的所有人顿时醒悟过来，既然君王连自己的宠臣都不放过，又怎会对他们施予恩典呢？"政治的核心问题不在于别人是否怀疑你，而在于如何使你的对手无从怀疑你。这就是韩非子的观点。

　　韩非子十分清楚，政治不仅掌管着一个国家的财富，而且政治本身就是财富的一部分。因此，投资政治，其效益要大大超过任何其他社会活动。在邯郸，富商吕不韦结识了正在赵国做人质的秦国异人。回到家后，他问父亲："咱家的田地有多大收获？"父亲答："十倍于你播下的种子。""要是卖掉一块珍贵的宝石呢？""那将获得百倍的回报。""要是接替王位呢？""哦，那就无法估量了。"父亲断言。"耕作的辛苦只能满足温饱，从政却能养活三代。因此，这才是我需要的职业。"儿子茅塞顿开。之后，吕不韦策划了异人的逃逸，并辅佐他登上王位，自己则摇身一变成了大臣。

然而，即便在牟利的政治活动中，处于近水楼台的大臣们也同样无法改变人的逐利本性。因此，统治者应当对他们实行绝对监督。不仅如此，还必须对奖惩实行严格监督，否则其末日也就为期不远了。宋国司城子罕曾劝说君王："奖赏、官位、赠礼、赐予，这些用来愉悦百姓的东西，您就自己收藏好了；处决、惩罚、酷刑，这些百姓痛恨的东西，您就交给我来处理。""好啊。"君王应允。从那时起，只要颁布某项镇压法令，或是惩罚某位大员，君王就会委派子罕处理。于是，大臣们都非常惧怕子罕，民众也将自己的命运寄托在他身上。在不到一年时间里，子罕杀死了主子，篡夺了权位。"他像一只猪趴倒在马车下，却拱坏了车轭。"

在行政管理底层，事情越发糟糕。韩非子举例说："作为邺的地方官，西门豹秉公执法，正直敬业，坚决不愿卷入宫廷的腐败之争。他的同僚就到君王面前告状。于是，借年终述职之机，君王要求他主动请辞。西门豹早已悟出其中玄机，便恳求在邺令的位置上再干一年。在此期间,西门豹一反常态,与宫廷上下通力合作。在接下来的年终述职中,所有人都在君王面前对他赞不绝口。此时,西门豹却表明自己不适合此类工作,主动提交了辞呈。"

根据克劳塞维茨(Clausewitz,普鲁士将军,西方军事家)的理论,政治和经济在战争中属于同一个概念范畴。欺诈、伪证、破坏、谎骗、伎俩,所有这一切都可以通行无阻,且都存放在工具箱里,以备不时之需。修昔底德曾说,战争初期,斯巴达人开始进攻雅典。他们深知雅典城内最强悍的男人当数伯里克利斯,于是千方百计地想要当众羞辱他。他们下令烧毁所有的一切,却故意留下了伯里克利斯的田园。这个天资聪慧的伟大男人,早就看出了其中破绽,便提前向雅典公民宣布,将自己的所有田园捐给公共所有。斯巴达人的伎俩未能得逞。

韩非子也曾向我们讲述:"郑武公决定征战胡国,于是开始精心策划。他先将自己的女儿许配给胡国君主,接着又召见文武大臣,询问他们应该讨伐哪个国家。一旁的大夫关其思深晓武公的心思,便建议说,胡国可以讨伐。武公大怒,随即下令将他就地处死。胡国已是国亲,讨伐实属无理。郑武公的想法传到胡国,令胡国人得意忘形,放松了边境警戒。此刻,武公发起进攻,一举占领了胡国。"伎俩在此成功奏效。

韩非子历数并详尽描述了中国历史上的一系列诸侯、君主、大臣等统治阶层人物。然而,就是这样一些人,却最终被自己头冠上的绳带勒死、毒死、吊死以及分尸。"翼侯被放在火上炙烤,鬼侯在全身抹盐后被置于烈日下暴晒,比干被剖心,梅伯被剁成肉酱,伯里子道沿街乞讨,傅说为求衣食自卖自身,孙膑被魏王挖去双膝,吴起遭车裂肢解,公孙鞅逃奔秦国,关龙被砍下头颅,苌弘被大卸四块,尹子被抛入爬满蛆虫的大坑,司马子期的尸体沿河漂流数日,田明致残。"(此处希腊原文与《韩非子·难言》有差异。——译者注)

"当科孚人得知雅典战船正在驶近,而敌方船只已经远离时,他们悄悄让躲在城外的迈锡尼人(Messinians)潜入城内。眼看战船追近,他们向船队发出驶入码头的信号。民主派人士开始大开杀戒,甚至连那些已经上船,又被劝说下船的对手都不放过。紧接着,科孚人又来到赫拉神庙,迫使藏在里面的五十个寡头分子走出来,公开接受死刑判决。然而,面对眼前发生的一切,身处神庙庭院里的大多数求饶者开始相互残杀。一些人吊死在树上，另一些人选择了其他的自杀方式。整整七天七夜，科孚人不停地杀戮，恨不得将所有被视为敌人的同胞斩尽杀绝。他们谴责这些人阴谋推翻民主制。而事实上，许多人都死于个人恩怨，还有一些人被其债主所杀死。在短短几天时间里，死亡以各种方式呈现在世人面前。科孚岛上惨绝人寰的暴力达到了无以复加的地步。父亲亲手杀死孩子，求饶者被赶出庙宇就地处死，甚至还有一些人被关进狄奥尼索斯神庙，在里面慢性死去。"

修昔底德和韩非子都憧憬在阳光下议论政治。公元前233年，韩非子被其旧日同窗后来成为秦国大臣的李斯强迫喝下毒药，含冤而死；修昔底德死于公元前398年。帕夫萨尼阿斯（Pausanias，希腊地理学家）说，其实他是被谋杀而死的。

# S

安提斯泰尼—庄子

安提斯泰尼

庄子

直到老年，安提斯泰尼（Antisthenes）都未能摆脱病痛的折磨。有一天，他的一位来自锡诺普的爱徒、人称犬儒者的第欧根尼（Diogenes，古希腊哲学家，犬儒学派奠基人之一）揣着一把刀前去看望恩师。"我真希望这世上有什么东西能够使我摆脱痛苦，而不是结束我的生命。"安提斯泰尼对学生叹道。如果不了解安提斯泰尼的人生和思想，你也许马上会联想到那种看似自然却极端自我的生命依恋。然而，一旦知晓他对及时行乐的系统排斥，以及他对精神与灵修的用心与专注，就会进一步深究这位哲学大师的行为表现，努力发掘他对永恒运动中的变化和交替，以及对大千世界自然法则所持看法的深刻根源。

庄子的妻子离世时，他的一个朋友惠子前往吊唁。当他看见庄子盘腿坐地、鼓盆而歌，便问："夫人与你结发同心，为你生养孩子，孝敬长辈，贤惠持家。如今不幸亡故，你不哭也就算了，为何还敲着盆子唱着歌，有你这样做人的吗？""你错了，"庄子答曰，"你以为我失去妻子，却不像其他人那样悲伤，其实她并没有死，不过是从哪里来，回哪里去了。生来死往，就如这春夏秋冬吧。她已静静地躺在天地之间，我又何必在这号啕痛哭呢？这样一来，别人就会觉得我完全不懂事物变化的奥秘，故止哀而歌了。"

一个人的所有认知、观念、他所确信和认定的事实，都有可能在瞬间发生变化。认识事物的永动规律以及万物的变化无常，可以开阔并调整思路，摆脱自以为是的虚幻和假象。一个人的思想意识行为，一旦具备了灵活性和可塑性，就会窥见并接受那些有形及无形的变化，摆脱精神僵化和看似稳定的安全感；不仅如此，他还能够在宇宙不稳定的稳定中捕捉一份适于头脑和灵魂的宁静。

在宋国大街小巷熙熙攘攘的人群中，在"黄金时代"的雅典城内，庄子和安提斯泰尼都算得上是特立独行的隐士。他们无视物质财富和及时行乐的诱惑，意志坚定地选择了一种简朴的生活方式。就像当今个别广播电视节目中某些治疗师的心灵疗方那样，他们胸怀"全局"，将毕生精力献给了对灵魂、知识和美德价值的不懈追求。

"多么悲哀啊。"看见庄子衣衫褴褛、帽子破裂，穿着破绳捆绑的鞋子，威王叹道。"贫穷没错，却不悲哀，"智者答曰，"一个心中有道并将之付诸行动的人，他可以贫穷，却很快乐，而不是悲哀。"

"我很富有，"在与苏格拉底及其弟子辩论时，安提斯泰尼坦言，"虽然身无分文，耕地也只有摔跤场一般大小，但我依然富有。对我来说，只要有点充饥的粮食和御寒的破衣，也就足够了。至于情欲的满足和享受，如果我的肉身发出要求，此刻我去找女人寻欢，她们就会悉心伺候我；而其他男人则对她们无所谓。财富不过是一个人随身带去海上远航的东西，一旦发生海难，却还能不离不弃。"这就是内心世界里装的那点东西。

思想敏锐，灵活善变；言辞蓄势待发，哲学修养深厚；关切人性和人道，信仰正义和简朴。在与伟大导师的交谈中，安提斯泰尼和庄子，前者通过与其毕生对手苏格拉底的正面交锋，后者通过与中国哲学前辈老子和孔子的隔空对话，留下了他们的深刻足迹。

庄子出生于公元前369年，即战国年间的宋国。他与老子一道被公认为是道家思想的奠基人。然而，他的文笔却没有道家书籍所特有的抽象性或神秘感。庄子的格言和寓言立意清晰，通俗易懂。他充分利用所掌握的深厚古典知识，阐释道家思想的精髓，同时表达对孔孟为主的其他时代精神的批评。庄子十分敬重两位先师，但在思想分歧上却毫不退让。他在书中呈现的那场孔子与盗跖之间的对话、盗跖的极力反驳、贤王时代对孔子政治的怀旧与憧憬，以及政治食人主义的启示，个个妙笔生辉，精彩绝伦。与此同时，他还不失时机地巧妙批判了墨子的信仰，并一针见血地指出，"这只能对动荡年代有效，但对和谐时代毫无作用。"

庄子是道家有关政治及统治思想的极力倡导者，并为中华传统树立了典范。楚国国君曾经派遣两位大夫前往邀请庄子出任宰相。当他们抵达时，发现庄子正安坐在濮水边垂钓，便说："王说了，想有劳你打理国内的事情。"庄子头都不回，答道："我怎么听说楚国有一神龟，死了已有3000年了。君王用锦缎将其包好，珍藏在竹匣中并供在祠堂上。这只龟愿意死去留下龟壳让人珍藏，还是情愿活在烂泥里摇着尾巴呢？"两位大夫点头表示赞同。"请回吧，"庄子接着说，"我情愿在烂泥里摇着尾巴。"

然而，在一个充满动荡和不公的世界里，当某位贤人被召唤去治理国家时，他别无选择，必须不顾个人名誉和声望挺身而出；事成之后，再全身隐退。曾经有一位隐士问孙叔敖："你三次出任楚国宰相，却从不自傲，又三次被革职，也毫无怨言。起初我并不信以为真，可看到你如此淡定，倒想问问这到底是怎么回事。""我并不比别人高一等，"孙叔敖答道，"当他们举荐我时，我无法拒绝；而当他们召回我时，我亦不能阻止。我又凭什么在乎呢？再说了，为何此官非我莫属，而不能属于他人？如果说宰相头衔最重要，这与我无关；如果我更重要，那么我与这宰相头衔又有何干系呢？"

胸怀道家理念的执政者应如何施政？无为！庄子在其寓言中阐明了这一点：纪渻子为周宣王养斗鸡。过了十天，他被问到这只斗鸡是否能够出场应战了。纪渻子回答，还不能。因为此鸡正虚浮骄矜，自恃意气，只是个样子货。又过了十天，他又被问及同样问题，并同样给出了否定的答案。因为此鸡听到其他斗鸡的声音、见到其他斗鸡的影子时，还是有反应。又经过十天的训练，这只斗鸡有了进步。但还是心神不定，听到其他斗鸡发出的声响，仍然有反应。这说明它觉得自己还不行，比较自卑。又过了十天，周宣王迫不及待地再次追问。纪渻子还是回答说，还不行，它的目光还是充满了愤怒和傲慢。又过了十天，周宣王又问，这会儿纪渻子有把握地回答说，这只鸡差不多准备好了，可以战斗了。虽然别的鸡在叫，它却一点儿反应都没有，看上去就像木头似的，专心致志，沉着冷静。任何斗鸡都不敢上前应战，一见它便会掉头逃跑。

安提斯泰尼是犬儒派哲学的倡导者，约公元前445年出生于雅典，一直活到了80多岁。他来自色雷斯，是某个女奴的孩子，后来成了雅典公民，曾经短暂地做过诡辩学家高尔吉亚（Gorgias）的学生，之后又拜苏格拉底为师，并亲眼目送了恩师的离世。安提斯泰尼居住在比雷埃夫斯一带，每天坚持步行40距（Stadiums，古希腊长度单位，每距相当于182.18米）去聆听苏格拉底的演讲。不仅如此，他还诚邀自己的学生也拜苏格拉底为师。"到目前为止，你们都是我的学生；可现在，我邀请你们一起成为我的同学。"安提斯泰尼在战场上作战勇猛，在塔纳格拉战役（Tanagra）中表现突出。他也是一位多产作家，曾写过不同题材的著作70余种，可惜保存至今的寥寥无几。

他的有关政治的书籍也未能幸免丢失。但可以肯定的是，他的思想深受诡辩学派和苏格拉底的影响。当被问及"公民应该如何接近国家"时，安提斯泰尼答曰："不可太近，太近则热；亦不可太远，太远则寒。"作为苏格拉底的学生，安提斯泰尼似乎在接受恩师观点的同时，也吸纳了诡辩学派有关自然对立及自然法则的观念。根据这种观念，一个人应当倾听和相信他的内心自然，而不要因法律的约束而改变自我。在这个世界上，不存在任何强迫公民参与公共事务的道德要求。他还认为，一个国家的最大威胁，来自掌控大权的是一群不务正业、办事无能和品格低劣的人。"如果不能有效识别庸才和俊杰，国家就会消亡，"安提斯泰尼时常告诫大家，"最荒诞可笑的是，一个人分不清野草和麦苗，看不清战场上的懦夫和勇士，学不会将卑鄙小人清除出国家机器。"

在仅存的几篇苏格拉底与安提斯泰尼的对话中，我们可以确切证实存在于他俩之间相互敬重的平等关系。据说有一次，当苏格拉底看到三十人寡头统治横行霸道、对杰出及富裕公民大开杀戒时，他对路上巧遇的安提斯泰尼说："我完全不能想象，你会对我俩这辈子没有成为伟人或要人而感到懊悔，就像阿特柔斯（Atreus，迈锡尼国王）、梯厄斯忒斯（Thyestes，阿特柔斯的兄弟）、阿伽门农（Agamemnon，阿特柔斯之子，迈锡尼国王）、埃癸斯托斯（Aegisthus，阿伽门农的堂兄，密谋将阿伽门农害死）这帮大人物一样。他们这种人，每遇逆境，就会自相残杀，充当悲剧英雄，并为此冒险参加或阴谋设下某场可耻的晚宴。然而，历史上却从未有过一位悲剧诗人，竟敢如此胆大妄为，不知廉耻，在悲剧舞台上公然呈现残杀歌队的情景。"我们大家应该都不会忘记，在古希腊悲剧家那里，歌队代表着审慎、道德和正义的声音。

在安提斯泰尼和庄子的思想体系中，有关高贵与低贱血统的社会想象力，以及长期以来由此催生的政治体制，都没有了栖身之地。有一次，为了羞辱安提斯泰尼，雅典人故意当众挑明他的母亲并非来自雅典，而是来自荒蛮偏远的色雷斯。"你们如此高贵，就像蜗牛和蟋蟀。"面对雅典人的挑衅，安提斯泰尼反驳道。针对这样的社会歧视和陈词滥调，苏格拉底大声怒斥，"一个像安提斯泰尼这样勇敢的人，他的父母绝对不可能都是雅典人。""遵循道家理念，世上一切均无贵贱之分，它们之间是完全平等的。"在此,庄子用北海的宽宏精神回应了黄河的孤傲精神。安提斯泰尼和庄子,都是具有高尚人格和无畏精神的思想家。他们大胆质疑社会歧视和种族偏见,猛烈抨击奴隶制度。安提丰(Antiphon,古希腊演说家)曾说过,"自然本身不会区分希腊人和野蛮人。自然面前人人平等。所有人都用鼻和嘴呼吸空气,用手吃饭。"此言赢得了迈锡尼人阿尔西达马斯(Alcidamas,古希腊修辞学家)的言论附和,"自然并不会创造奴隶,神灵会赐予所有人自由。"正是这两位智者对安提斯泰尼的理论产生了重要影响。

每一个民族的集体记忆,都会保留其黄金时代的传统。古代希腊时期,赫西俄德(Hesiod,古希腊训诫诗之父)就曾描绘过人类的黄金时代。在那里,生命充满快乐,人民生活幸福,尽情享受着大自然的赐予。他们没有劳累和痛苦,"在睡梦中安详地离去。"在谈及古代中国传统时,庄子也提到了类似的黄金时代。在这样的年代里,统治者就如同普通的仆人,人民就像大自然里自由奔放的野鹿。他们相互爱戴,以诚相待,朴实真挚。可是在此之后,人们逐渐丧失了对神的敬畏,战争和暴力开始主宰一切。民众生活在痛苦和愤懑之中,到处散布着恐怖和死亡;四处可见暴虐抢掠、背信弃义、丧尽天良、道德败坏和尔虞我诈。

"可以给我一点儿麦子吗?"身无分文的庄子对黄河巡视大员说。"好啊,"对方回答,"但有个条件,要等到我把土地出租税收完才行。到那个时候,我会给你三百个金币。""昨儿,在来的路上,"道家老者接着说,"我瞅见一只沟里的青蛙在对我喊叫。'喊啥呢?需要帮助吗?'我问青蛙。'请往沟里倒点儿水吧,这样我就可以活下来,'青蛙示意。'好啊',我欣然答应,'我这就去跟国王说,请他让黄河改道,这样你就有救了。''看来我并不活在我的自然环境里,'青蛙自言自语,说着便惊慌地逃离了。"(此处希腊原文与《庄子·外物》的相关成语典故"涸辙之鲋"有差异。——译者注)

一个来自黑海南岸本都地区、胸怀大志的年轻人恳请安提斯泰尼为师。为此他还振振有词地承诺,等满载盐渍鱼的船靠岸,他会亲自关照,让未来的老师彻底摆脱贫困。听到此话,安提斯泰尼拉起这位年轻人的手,又拿起一只空布袋,一起走向一个卖面粉的妇人。他亲手装满一袋面粉,正欲离开时,妇人在他身后喊他付钱。安提斯泰尼扭头说:"等这位年轻人的船满载盐渍鱼归来,他就会付钱给你了。"

"我听过这样一种说法,当面阿谀奉承的人,背后必定恶语相加,"听到孔子夸奖他的美德,并希望他能长久保持,盗跖勃然大怒,反唇相讥,"只有自命不凡、有恃无恐、卑鄙下贱的蠢货才会轻信这样的谎言。""阿谀奉承者要比沉默的野兽更危险,蛊惑人心者要比疯狂的野兽更危险。"安提斯泰尼也曾这样说过。

安提斯泰尼一贯认为,美德才是获取幸福的根本手段,并且坚信美德是可以言传身教的。而一旦获得真传,就永远不会消失。他教导人们首先要学会认识自我。当被问及哲学的好处时,他的回答是,哲学有助于自我沟通。从老师苏格拉底那里,安提斯泰尼领悟到并继承了灵魂修养的必要性。他坚信灵魂高于肉体,毕生秉持这样的信念,通过不断抵御和降低外部世界的干扰,将勤勉、节俭和清心寡欲当作必不可少的修行和最有价值的财富,将克制、谦卑、隐忍和淡定视为崇高美德的组成部分。

在安提斯泰尼看来，一个人在道德生活中刻苦修炼，努力超越自我，寻求更好的生活方式，这些都是极有必要的。公元前4世纪的政治演说家和哲学家蒂米斯提厄斯（Themistius）就曾说过："如果你想弄明白，为何慎行属于高贵的范畴，那么就不应该到柏拉图或亚里士多德那里去寻找答案，而应当首先去请教智者安提斯泰尼。正是他，亲身传授了这种生活方式。此外，我们还可以倾听普罗米修斯对大力神赫拉克勒斯说的这番话：你的行为方式愈发让人觉得卑微下贱。你总是患得患失，忽略了生命中最宝贵的东西。因此，你还是应该先学懂那些高于人类之上的事理，之后才能明白做人的道理，成为一个完整的人。反之，如果你只关心地球上的这些琐事，就会像野兽那样四处乱窜。"

自知之明，勤勉节俭，摆脱世俗，淡漠私欲；蔑视物质财富和思想炫耀，却又能巧用反讽；以人为本，却又能够猛烈批评。所有这一切构成了安提斯泰尼的思想特征。就像"维萨（Bessa，古希腊地名，如今泛指远离尘世的高地，具有象征意义）这座犬儒之城，傲居红尘之上，任何寄生虫都无法靠近和生存。这里只生产百里香、无花果和面包"。

借助友谊、交流、知识和正义，安提斯泰尼和庄子都希望将人类带出困惑，将他们重新引入"可以爬上树观赏鸟巢，鸟儿却不会受到惊吓"的那个年代，最终引领他们脱离自我和暴力，走向真理和自然法则主宰的大同世界。

庄子的字里行间包含着对自然及人类的深情眷恋和无限憧憬，以及对自己同胞难得一见的真情实感。他提倡道家的思想戒律，其真实目的并不是为了传教或评判，而是为了倾其全部心血，激励人们成为自我嬗变的根本理由。庄子认为，一个人只要紧随合适的道路，就可以发现幸福，完成救赎。

为了达到美好境界，发现幸福，人们就必须清醒地认识到，除了表面差异，世上所有的一切在本质上均同根同源，且构成了一个统一及不可分割的整体。因此，人不应为纷纷扰扰的外界事物所纠缠，而应逆势而动，追求一种包容和平和的生活。

一个人只要承认事物的统一性以及事物的实质身份，意识到自己是宇宙整体不可分割的一部分，并按照自然规律与之紧密相连，就能够毫不畏惧地投身到大千世界的洪流中，"在惊涛骇浪中奋勇前行而不溺亡"。他开始对世界充满信任，超越狭隘、窒息和局限的自我，与自然万物展开对话，融入存在之中。用这样的方法去观察表象，他就能淡定自若，并由此心存善念，享受善行。

事物的内在规律本身，同样也会规范人们的行为尺度并指引他们前行；这是拯救的尺度，一种牢牢捆绑灵魂并防止它突破无限的尺度。而唯一能够摆脱的方法，就是挣脱习惯的束缚，逃离自我为是的牢笼。当下世界，忍让成风，梦幻缥缈，近乎到了虚无的临界。正是在这样一个行将脱离并失去其内在本质的关键时刻，人却再一次与之相逢："有一次，庄子梦到自己是一只蝴蝶，生动逼真的一只蝴蝶，到处飞舞，感到多么愉快和惬意啊。他真的相信自己原本就是蝴蝶，而不是庄子。瞬间，他醒了过来，惶恐中方知自己就是庄子。可是他还是无法确信，究竟是庄子梦中变成了蝴蝶，还是蝴蝶梦中变成了庄子？"

人在不知不觉中出生、存活和死去，在这片无知的荒地上走过生命的旅途。他品尝快乐，体验忧伤，寻找自我以及自我在群体中的位置；他努力打造自己与他人之间的关系，寻求幸福和快乐，竭力摆脱痛苦和悲哀；他忘我地寻求知识，始终脚踏实地，实事求是；他在神秘世界的漩涡中身不由己，始终是个被动的接受者，最终只能通过展示他的劳作来证实自己的存在。然而，正像品达（Pindar，古希腊抒情诗人）所预言的那样："先知先觉，对于智者和愚者来讲，同样都无法企及。因此，我更乐意不再前行，做一个无知者。"

公元前286年的某一天，庄子临终。他的学生请求为他筹办一场盛大的葬礼。"天地就是我的灵柩，日月就是挂在我身边的玉符，天上的星辰会像宝石那样闪烁在我的四周，所有的存在都会到场，就像守灵的送葬人。我还有何需求呢？"庄子平静地安抚大家说。

# S

柏拉图—孟子

柏拉图

孟子

相比古代世界其他伟大思想家的遭遇，柏拉图（Plato）尤其得到了历史的惠泽。他的全部著作都完整保存至今，使得人们有可能全面认识他的思想体系。公元前427年，柏拉图出生在雅典的一个贵族家庭，从小就生活在一个与时代政治密不可分的环境里。他的母亲是梭伦（Solon，雅典政治家，古希腊七贤之一）的后裔，两个叔伯哈尔米蒂斯和克里提亚斯是短命三十人寡头统治的急先锋，而继父皮里兰佩斯（Pyrilampes）则是伯里克利统治时期的杰出人物。

柏拉图一生曾三度前往西西里，力求向叙拉古（Syracuse）的当权者阐明他的执政理念和治国方略，却次次无功而返；其中一次还被投入大牢，随后被贩卖为奴。最后一次，他又险遭不幸，差点丢了性命。此后，柏拉图逐渐远离政治。他曾坦言："到头来我才发现，如今的城市，政治参与混乱不堪。他们事先不做准备，因而得不到命运的护佑，法律也就无法找到拯救的良方。既然如此，我不如停留在理论层面，为正统哲学歌功颂德。因为只有这样，一个人才能明白什么是对城市公平的，而什么又是对个人合理的。"

从此往后，柏拉图开始致力于以其名字命名的学院管理和讲学。柏拉图学院成为当时的精神中心，甚至在他逝世后仍然延续了上千年。柏拉图与苏格拉底的相识相知，对其一生及其哲学思想起到了至关重要的作用。他认真记录下导师的讲学内容，并与自己的哲学观点融会贯通。

任何人想要了解古代中国思想，都无法绕开中国历史上的"亚圣"孟子。公元前372年，孟子出生在邹国。他是鲁国贵族孟孙氏的后裔，早年丧父，由母亲抚养成人。据传，孟母的言传身教，对他后来的思想发展起到了关键作用。作为正确养育子女的典范，孟母在中国历史上书写了令人难以忘怀、浓墨重彩的一笔。

孟子潜心研读古代中国的古典文献，耳濡目染了孔子的思想世界，被公认为是孔子思想的继承者。在不到40岁的时候，孟子来到齐国，在齐威王执政期间做了几年小官。他的政治理念建立在道德准则、传统礼仪习俗以及孔子仁政思想的基础上。他呕心沥血,力图劝阻各路诸侯停止战争冲突,共建大一统中国。但事与愿违,他的所有政治抱负均与柏拉图如出一辙,最后都以失败而告终。从此,孟子退出了公众生活和政治活动,回到家乡,在弟子们的簇拥下专心传授和讲解古籍文献。他的思想收录在《孟子》一书中,并被完好地保存至今。

柏拉图和孟子都生活在动荡年代。前者在伯罗奔尼撒战争的硝烟中长大成人,后者则生活在战国时期。毋庸置疑,除了人类长期关注的共同问题,两位哲人都在努力寻找构建公共生活准则的最佳路径和方式,并不约而同地选择了道德和正义为其政治主张的基础。

柏拉图的政治哲学,主要体现在《理想国》和《法律》这两部论著中。在《理想国》中,柏拉图首先提出正义问题,进而寻求社会与国家构成的理想组织成分。他的探索核心始终围绕着这样一个问题:人类如何才能实现幸福,获得永恒的救赎。在柏拉图的思想中,政治不能脱离道德;社会制度、法律及教育必须首先关注个人伦理。它们的首要目标,就是要通过自我认知将人引向审慎、富足和幸福。

在审视法律及正义相关问题时，柏拉图总是先将不同观点摆在一起；而这些观点更注重表达道德而非政治理念。在《理想国》中，柏拉图充分表现出了一副无可挑剔的"好当家"姿态。首先，他坦诚而简洁地铺陈了那些有关政治现实主义的想法，却避而不谈要将它们各个瓦解并彻底推翻的最终目的。紧接着，柏拉图将话语权交给了诡辩家特拉西马库斯（Thrasymachus）以及诡辩学派的弟子格老孔（Glaucon）。在当时那个年代，"公平"一词在很大程度上仍然充满了道德认同。可是，色拉西马豪斯却大胆地将其定义为"强者的利益，并证实了公平与政权统治的依赖关系。任何一种政权，无论是君主的、寡头的还是民主的，都在全力打造能够有利于政权统治的法律。任何人一旦违背了法律，都将被视为违法者或不法分子，进而受到法律的制裁。公平与正义，无非是每一个现存统治政权的利益表现，仅仅为统治阶层体制内的人带来利益。而那些现实生活中普普通通和真正公平的人，无论在个人或公共交往活动中，总会受到伤害和委屈；甚至某些公职人员，同样也会败走麦城。原因很简单，就是因为他们希望尽力尽责，哪怕牺牲自己的利益。不仅如此，他们还因秉公办事、拒绝假公济私，而疏远了熟悉的环境和挚爱的亲朋。一个贫穷而无助的人，如果其犯罪行为败露，他将受到无数惩罚和屈辱；而这件事如果发生在一个有权有势的人身上，他将逍遥法外，毛发无损"。

格老孔给外界留下了一个浅薄及轻浮诡辩学子的印象。尽管如此，他却提出了一个极有针对性和很有时效的问题："假设我们将统治权力同时赋予一个公平者和一个不公平者，让他们为所欲为，而我们则袖手旁观，目睹每个人的愿望最终会将他引向何方。其结果一定是，由于人所具有的贪婪天性，那些原本公平的人，却在实际行动中无意跟随了不公平之人的后尘。"无论表面如何公道和善良，人的本性都是贪婪的，其本能都是逐利的，只要一有机会，就会瞬间爆发。人始终追随内心的欲望，不断从权力或其他唾手可得的机会中谋取私利，让自私和贪婪肆意膨胀，而将公平抛掷脑后。

也许柏拉图本人早已得出这样的结论，认为"灵魂的和谐及高尚就是大法；它帮助人们诚实守法，体面做人；而这一切均可归结为正义和审慎"。尽管如此，他仍然小心翼翼地让色拉西马豪斯和格劳孔出面，去描述现实生活中极有可能发生的事情。

从技术层面分析，柏拉图心中的理想国并没有什么特别之处，也可以说是各个历史时期不同思想家的政治乌托邦的整合。其特征无非就是三个并存的社会阶层。第一阶层由最智慧的监管者组成，负责管理城市；第二阶层由辅佐贵族的卫士组成，主要职责是保卫城市免于内忧外患；第三阶层由手艺人、农民及其他生产者构成，主要从事产品生产及流通。所有财富归全社会所有，女人归属于所有男人；孩子识其母而不识其父，因此亦归全城共有。没有贫富差异，也没有主仆之分。所有人的共同使命，就是为共同利益和社会安稳做出牺牲。

相比之下，柏拉图的衍生思想却别有意思。这些思想从一个侧面证实了他所主张的政治体系。在《理想国》中，不断重复着这样一个原则，即国家的兴衰取决于国家监管者所施行的正确教育。妇女应当享有与男人一样的同等教育；她们在战时也能挺身而出，甚至能够肩负起监管者的使命。教育的核心目的是陶冶灵魂，树立美德，为赢得幸福创造良好条件。宪章和法律，如果不能表达民意，则不具备真实有效的约束力。

教育计划的宗旨，首先立足于深造数学、几何学和天文学，深刻领悟和谐，加强对事物本质的认知。其最高阶段，即培育有志成为国家领导的公民、打造智者—统治者的阶段，则立足于掌握辩证法以及展开对善的持久追求。

诗歌和戏剧拥有巨大的破坏力，因而被排斥在修学内容之外。它们一方面乐意表现灵魂底部的欲望，另一方面大肆渲染神话对社会的恶劣影响。这一影响最终使得人们无法实现真正认识神意、做到神人合一的最高目的。至于音乐，只有那些能够提振精神、鼓舞勇气、防止情欲放纵和道德沦丧的旋律和乐器，才允许被采纳。

柏拉图还将其理想国与其他四种不仅糟糕而且错误、根本无法存活的政体进行了比较。它们分别是由野心勃勃的勇士构成的勋阀政体（Timocracy）、由此导致财阀当权的寡头政体（Oligarchy）；寡头统治的结果必然是进一步扩大社会贫富差距，加剧社会冲突，最终走向民主政体（Democracy）；民主政体又不可避免地迅速坠入独裁统治（Tyranny），导致全体公民深陷奴役。柏拉图从城市病态和公民心态角度，对上述四种政体分别做了详尽描述。他认为其中最不公道也是最悲惨的人物就是独裁者。

《法律》也许是柏拉图最重要的著作。立法者的首要目的，就是在最大程度上实现民众参与国家管理，努力配合法律诉求；而不是诉诸法律严禁的暴力手段达到强迫民众同意的目的。为了实现这一目标，就必须在每项法律的开篇部分清楚阐明法律规定的目的。在《理想国》的"前言"部分，柏拉图向民众详细阐述了此项立法的意义，目的就是为约束性法令提供具有说服力的论据。

一个理想的国家，不能建立在不懂如何发号施令的基础上，当然也无法存活在不懂如何服从法律的地方。只有当"君主"和"自由"之间建立起稳定的平衡，才能确保国家的平稳运行。只有通过一个审慎的政治家和一个果断的独裁者之间的精诚合作，才能实现辨识能力和执行能力的高度结合，成功打造国家管理的最佳条件。

如同《理想国》，在《法律》一书中，所有职务均以任人唯贤为准则，委派给了道德高尚、愿意为至高无上的法律效力的公民。而作为公民，则应该追求自知和自尊。一旦丧失这一点，就无法认知法律，也就无法认清守法的必要性。柏拉图目睹了整个国家对苏格拉底的不公待遇，成了一场公平做事、诚实做人斗争的历史见证者。正如苏格拉底那样，面对种种委屈，柏拉图仍然坚持原则，即一个善良的公民首先必须忠实地服从城市法律，以此换取城市对他的公平回报，抑或对法律条文的和平修改。

通过对公法与私法、教育、艺术与科学、两性与恋爱关系、政权本质与形式、农耕与经济法则、刑法条款、死刑判决及刑事诉讼，以及神学与迷信的详细描述，柏拉图全力打造一个综合的体制框架，以便在最大程度上捍卫其理想国，并为这样一个理想国家的世代延续和公民幸福保驾护航。只要整个城市具有了法律意识，就不必在意法律的严厉程度。

假设柏拉图是通过对未来的憧憬寻求和描绘其理想国，那么孟子则是回到古代华夏的价值理念中，在过往的时代风云里探寻心中的理想国。他们具有共同的出发点，即改变所在国家现状的必要性，却各自走向了相反的方向。孟子的理想典范是舜帝和大禹。这两位先帝的形象与柏拉图所描绘的智者—王者不谋而合，都代表着智慧、美德与执政能力的完美结合。

孟子详述了战国时期诸侯争霸的惨烈："君王剥夺了百姓的时间，不允许他们耕地播种，赡养挨饿受冻的父母。兄弟姐妹、夫妻老小被迫骨肉分离，流离失所。统治者下令挖坑埋人。在帝国的疆土上，从君王大臣到普通百姓，无人关心公共利益。相反，所有的言行只在乎一己私利。统治者只想着如何维护其统治，大臣们只想着如何有利于其家室，底层官员和普通群众只关心自个的事情，所有人都只顾自己，不顾他人。一旦世界观发展到这个地步，国家必遭玷污，最终走向灭亡。"

孟子认为，一个理想的统治者应该是睿智和善良的。在道德和法律的引领下，他将超越个人得失，视仁义和民众福祉为首要原则。他不会诉诸武力强迫他人，也不会在困难年代征收重税；他注重教育，关心百姓疾苦，而民众则心甘情愿服从他的统治。一个理想的统治者就是天与地的结合。他将统治权力和职责建立在天命之上，担负起护卫宇宙和谐运行，四季平稳交替的重任。反之，一个压迫民众的暴君，必定会违抗天命，千方百计，甚至采用暴力手段将其统治合法化。帝王统治的两个坚实基础，就是天命准许和民众认可。

孟子曾经这样说："帝王可以向上天举荐某人，却不能责成上天将帝国赐予此人；执政者可以向帝王举荐某人,却不能强迫帝王将权力赐予此人;大臣可以向君王举荐某人,却不能强求君王将官位赐予此人。尧帝曾向上天推荐舜为帝王,上天接受了这一请求;之后又将舜展现给民众,舜也受到了民众的拥戴。此刻,上天沉默无语,却用行为做出了回答。"在孟子眼中,正像柏拉图认同的那样,官位和权力都是不可世袭继承的。

在孟子的思想体系中,以古典文献和礼仪习俗为核心的教育和修养,具有至关重要的意义。统治者的首要关怀,就是让民众普遍接受教育。通过教育普及,营造引导民众遵守秩序和尊重等级的良好氛围,使他们遵守礼仪规则和传统孝道,通过道德修养和自我认知赢得自尊。"一个人如果瞧不起自己,就会被他人鄙视;一栋房屋如果先从里面烂起,就会轻易被他人损毁;一个国家如果率先奴役民众,之后就会被别国所奴役。如果毁灭是上天的旨意,你也许可以幸免;而一旦毁灭是你自行作孽,那么你将必死无疑。"

在中国远古时代的名人书籍里,我们不时可以看到明智帝王的努力。他们将常年躲在洞里以此来抵御严寒酷暑的百姓拯救出来,有组织地将他们安置到城镇乡村。当然，我们确实无法确定，他们中的某一位，是否在那一瞬间捕捉到了柏拉图曾经说过的洞穴理论。后者做过一个主观设想。他首先让一些从小就被捆绑、不得转身的囚犯面对墙壁坐在一个山洞里，然后在洞口点燃一堆火。燃烧的火焰在洞壁上投射出一些晃动的影子。起初，这些囚徒一直以为这些影子就是现实中的存在，于是开始害怕起来，担心一旦挣脱枷锁，转过头去，直视投射影子的火焰，就会受到惊吓。最终，他们还是决定回到最初的状态中。而只有少数几个人大胆地逃出洞穴，直面影子背后的现实。而当初吓得目瞪口呆、只敢窥视壁上影子的那些人，最终也鼓足勇气，敢于正视阳光照耀下的真实事物，甚至敢于直视太阳了。

通过上述传说，柏拉图试图向世人表明，在经验和真知、感觉和幻觉以及荣誉和科学之间存在着巨大差异。经验本身无法获得真知，并与理想现实相去甚远。一个真正想要拥有思想的人，必须跨越催眠状态，并通过辩证哲学、数学和几何学的方法获取善的真知。

在柏拉图眼里，人不能独立存在。相反，他是世界不可分割的统一整体的一部分。正因为此，他就必须在不懈追求美的进程中，不断超越变幻莫测的感觉表象。通过恰当的教育以及对美的爱慕——这一爱慕先是迷恋美妙的身姿和美好的灵魂，随后又注重制度、法律和科学之美的深度融合，以及美的理念本身，最终抵达美德和知识的彼岸。知识起初是无意识的，之后伴随辩证思维而觉醒，并随着认知对象与万物永恒这一思想的完美结合最终达到认知的顶峰。它从忘川返回，重拾人类不朽灵魂的记忆，自信地走向自我认知，彻底摆脱虚幻和愚昧的束缚。在柏拉图眼中，形而上学、伦理道德、知识理论、神学和政治交织在一起，共同构成一个特殊的整体。一个在理性引导下通过自我认知发现其内在精灵的人，就是道德高尚的人，就是优秀公民的典范。他必将和谐生活在创世者完美打造的世界里，努力达到发现神意并与之融为一体的最高目的。

在柏拉图和孟子的伦理哲学中，发现恶之源，找到人类乐于行善的根本，一直是他们探究的基本问题。在柏拉图看来，恶之源始于无知，原因就是"没人在主观上愿意做恶人"。孟子也察觉到，"许多人做了事，却不清楚做事的原因。他们习以为常，不以为然，一生只走一条路，从来没有认识自己"。中国的哲人认为，人性本来是善良的，而恶的出现是因为受到恶劣外部的影响。人的内在本质是纯洁的，天生就具有从善意识，且不容玷污。然而，就个人情况而言，它有时也会脱离内在本质，私心和欲望膨胀，产生一个虚假的自我，最终背离道德法则，走向罪恶深渊。教育和内修却能够引导人们重新找回本性。而要想达到人与本性的修好，重新倾听"内心"，学会区分善恶，其首要前提就是要遏制私心、欲望以及对肉体冲动的依赖。

孟子和柏拉图一样，都将世界视为不可分割的统一整体。而遵守道德法则，就可以通过亲身体验宇宙的和谐以及与上天的完美结合，引导人们去发现一个更加广阔的真理世界。内在修养、自我认知、心灵美德以及合理执政，共同架起一座连接天地的桥梁。"宇宙万物完美无缺，存在于我们的内心。倘若我窥视我的灵魂，且一切都诚实坦荡，我将感到无比快乐。我会以诚待人，也希望他人对我以诚相待。如果我追求的一切均符合人性的完美，那么我就与之接近了。"道德生活将人的纯净本质与上天连在一起，指明通往内心和谐与幸福的方向。

柏拉图和孟子毕生憧憬着一个和谐社会。孟子视"人民为重,其次是土地神和谷神,最后才是君主"。柏拉图则预言:"人类的苦难将无休无止,直到一代真正懂得正确思辨的人出现在统治舞台上,或是一代城市的统治者在神意的驱使下学会正确思考。"如果两位大师至今仍在苦苦等待梦想变为现实,他们一定还在等候室里待着。

一个来自北方的传说这样描述,在遥远的地方有一座铁山,高万米宽万米。每一千年都会有一只麻雀飞来打磨它的喙。而当整座高山消失时,才刚刚过去了永恒的一个瞬间。

# S

色诺芬—孙子

色诺芬

孙子

如果孙子有幸出任波斯国王阿尔塔薛西斯（Artaxexes）以及从库纳克萨（Cunaxa）到小亚细亚沿岸各国统治者的幕僚，他一定会就他们该如何应对远征亚洲的希腊作战军团，即著名的希腊万人雇佣军提出不同的谏言。

首先，孙子会对他们说，千万不要正面迎战一支正在回家路上的军队，因为，它的战士一定会与任何胆敢阻止他们回家的敌人决一死战。就算已经包围了对手，你也要故意为他们留出一条想象或现实中的逃生之路，并且还要造成一种绝处逢生的假象，否则他们便会在绝望中孤注一掷，与你殊死搏斗。此事一旦发生，一心想着回家的希腊雇佣军，必定会为了活命不惜一切代价，践踏途经的所有国家，给所到之处造成空前的灾难。他们将勇往直前，朝着唯一的目标：回家，回家。

看来阿尔塔薛西斯没有认真研读其曾祖父泽克西斯的

历史经验；后者在萨拉米纳海战中不幸遇上了迪米斯托克利（Themistocles，古希腊政治家和军事家）这样的战略天才，结果自然是遭到了灭顶之灾。

雅典统帅试图探明斯巴达人的意图，摸清他们是否愿意继续与米底人（Medes）战斗，于是建议斯巴达统帅欧里比亚德斯率领舰船驶往达达尼尔海峡，放火焚烧波斯人用船架起的浮桥，以使切断他们的退路，最终一举实现"在欧洲大陆将亚洲捕为俘虏"的目的。"我们不能毁掉这座桥。不仅如此，如果条件允许，我们还要再造一座桥，好让这个男人以最快速度离开欧洲，"欧里比亚德斯答道，"如果我们将其困在希腊，就免不了担心他被迫应战。身为大军统领，岂能袖手旁观，坐视不管；生死关头，他一定会决一死战。"

迪米斯托克利表面装出一副为主着想的样子，心里却盘算着怎样才能让他尽快离开希腊领土。于是，他委派了一个波斯战俘前往禀报国王，希腊人已经达成共识，决定全速驶向达达尼尔海峡，毁掉桥梁。因此，如果还想撤离，行动必须至少提前一小时。

雅典统帅故意留下了一个活口，一条逃生通道，并用此计甩掉了一个包袱。而原本他完全有能力在海上将逃犯彻底击败，让其蒙羞。但眼前的这个对手仍然强大，指挥着一支庞大的陆军，足以在逃生路上给希腊人造成重创，达到他在海上未能实现的目的。

其次，我们还是要重新回到之前提到的希腊万人雇佣军团。如果阿尔塔薛西斯重名声，爱面子，或者为了发泄私愤，下决心狠狠教训一下那些投靠居鲁士并掉头抵抗他们的希腊雇佣兵，中国的大将军则一定会劝告他：感情这东西变化多端，喜怒无常，之前的满意瞬间就成了埋怨。可是，国家一旦战败，就难以重建，死者亦无法复生。因此，只有在万无一失且符合国家根本利益的前提下，我们才可以诉诸武力。没有受到威胁，为何要发动战争呢？我们不该为国家的一时冲动或情绪的短暂失控而去主动挑起战事。

第三，从扩大战果、保存有生力量、降低人力物力损耗的必要性上考虑，那些沿途国家的当权者，就不应让企图过境的敌人如入无人之境，胆大妄为。遇到这种情况，孙子会建议他们密切关注敌方动向，伺机发起偷袭，尽量避免正面及全面交火，并以这种战术办法，给对方留出一条无可选择的逃生地带。除此之外，孙子还会叮嘱他们，千万不要丧失理智，去穷追猛打一支像希腊万人雇佣军团这样的精锐部队。

当然，上述这些均为虚构的文字创作。尽管我们无法确认历史真实，且对其人其事心存质疑，但作为吴国将军（前520—前460），孙子早已名留千古，并写下了不朽名篇《孙子兵法》。

据传，面对吴王对其战争理论的嘲讽和质疑，孙子未用真枪实弹，而是假借后宫宠妃，充分演示了其战争理论的实效性。他让妃子们列队成行，随即引来阵阵娇滴滴的咯咯笑声，以致指令根本无法执行。"情有可原，"孙子见状说，"命令模糊，责在将军。"

随后，孙子二话不说，毫不留情地下令砍下之前被吴王指定为领头的两个宠妃的头颅。刹那间，欢声笑语戛然而止。"如果命令清晰，却仍得不到执行，责任就在领头的身上。"中国将军毫不犹豫地表明。从此，所有的妃子都严格听从命令，并用完美表现证明了，女子天生也可以从军和征战。如果遇上一个天才大将军，女子甚至可以成为最优秀的战士。

无独有偶，色诺芬（Xenophon）也以同样的思维模式，充分领悟了希腊雇佣军团——这架令人胆寒的战争机器的领军作用。他曾讲述过随军作战的一对舞女的故事。她们身披红色斗篷，手持盾牌，在一场宴席上为帕夫拉奥尼恩的使者跳起了充满战争气息的劲舞。"难道这些女人也同你们一起作战吗？"蛮人惊诧地问道。"当然，"希腊人露出一丝狡黠的微笑，"正是她们从营帐中赶走了国王。"

孙子和色诺芬从不依赖复杂的头脑判断，而是凭借巧妙的策略运用来表达他们对实际军事管理及指挥的意见。两位伟大军事家有关战争谋略的阐述，在吴楚之战和居鲁士上攻战役以及希腊万人雇佣军团远征中得到了充分的验证。

适应场地及形势变化，灵活机动，采用多样化的军事布阵，及时应对突发障碍，行动迅雷不及掩耳，消灭对手的有生力量，最大限度降低自身损耗，以智取胜，悄然制胜，避免英雄主义式的正面冲突，随时了解地形特征并迅速做出反应。简而言之，一种行云流水般自然变化的军事战术，勾勒出上述孙子战争理论的轮廓。

对比上述中国古代军事家的战争理论，雅典军事家色诺芬在特定情况下做出的唯一选择，恰巧也是一种如出一辙、见机行事的军事战术。希腊雇佣军团在波斯帝国的腹地迷失了方向。他们远离大海上千公里，对于周边地形一无所知。与此同时，波斯帝王步步紧逼。眼前是不可逾越的山川河流，周边是必须穿越的敌对国家，物资补给匮乏，随时都会遭遇对其战术不甚了解的强悍民族。换言之，为了回到祖国希腊，雇佣兵们必须勇往直前，沿途交战。这就意味着，他们必须随时根据突发障碍和敌情，及时有效地调整作战方案，展现柔性似水的战术技巧。

公元前430年，色诺芬出生在雅典。就像命中注定一样，他在波罗奔尼撒战争的硝烟中长大成人。色诺芬是苏格拉底的学生。公元前401年，应来自维奥蒂亚的好友并常驻波斯的领事之邀，他迫不得已跟随希腊雇佣军团，与小居鲁士一道起兵征战后者的兄弟阿尔塔薛西斯二世。众所周知，在著名的库纳克萨战役中，希腊人战胜了对手波斯人，但小居鲁士（Little Cyrus）却战死沙场。此后，希腊军团被围困在亚洲腹地，并被切断了所有返回希腊的路径。波斯首领提萨斐尼采用诱惑和欺诈，杀害了希腊军团的将官，导致整个部队群龙无首。在此紧要关头，色诺芬临危受命，被推选为新的五人将军之一，负责率领部队返回祖国。

从临危受命的第一刻起，色诺芬就充分表现出了一个雅典公民的典型特质。他以宗教痴迷的程度严格遵从神意、神谕和鸟卜。在担任统领及整个上攻期间，只要没有求神，没有通过宰牲获知神谕和占卦，绝不轻举妄动。色诺芬的这一举止与战国时期之前的中国传统习俗非常相似。在当时，每每举行礼仪活动，都会针对大大小小的问题用龟壳或点燃千叶草的方式求助上苍。

与之不同的是，虽然孙子生活在春秋战国的转折期，却表现出了一种坚定不移的理性主义："严禁鸟卜，彻底铲除迷信占卦。就算死到临头，也不必惧怕灾难降临。一位睿智的君王，或一位辉煌的将军，永远都是胜者，他们的洞察力和预见力将被世代传咏。不过，这里所说的远见卓识，不是源自上苍或灵物，而是出自对敌情了如指掌的线人所收集的军情。"

孙子的思想理论，折射出战国时期的某些变化迹象。在那个年代，礼仪和礼节已在全国上下受到普遍排斥。朝廷上热闹非凡，君王诸侯身边簇拥着数不清的政客和幕僚。他们紧锣密鼓地策划着人命关天的方案，商讨策略，收集情报，评估问题，分析证据，预测未知，解剖时局，辨别优劣，做出决策，时刻准备投入一场争夺中国统治权力的艰苦战争。

统治者握有国家参战的最终决定权。一旦开战，决定权则转至将军手里，统治者则顺势失去控制。"接下来如何布阵、如何战斗，就是我们自己的事了。因此，我对确保战斗胜利负有全责。"色诺芬假借希腊雇佣军团统帅克利阿科斯（Clearchus，斯巴达将领）之口，对居鲁士提出的排兵布阵做出了上述回答。在那个紧要关头，克利阿科斯一直心存疑虑，担心强大的敌军会实行两翼包抄，因此死活不肯让其右翼部队远离河岸。

"一旦军令下达，行动开始，一切均由将军定夺。"孙子的回答同样斩钉截铁。尽管吴王一再要他手下留情，孙子仍然毫不留情地砍下了宠妃的头颅，"既然王赐予我统帅权力，那就表明陛下的圣旨落地有声，明白无误。我必须照此执行，怎敢违抗？"孙子又说，"有三种方式可使君王成为军队混乱之源：颁布错误的前进或后退指令，以致军事行动受阻；本人毫不知情，却仍要坚持掌管武装，以致部下头脑混乱；对军事管理一窍不通，却仍要干预由谁承担过失责任，以致广大士兵对其丧失信任。"可见，"如果认定胜券在握，哪怕君王反对，你也应当据理力争，继续战斗。反之，如果战略规律和战术要领都预示战败无疑，哪怕君王下令继续作战，你也应当果断终止一切敌对行动。"

在色诺芬和孙子离开我们许多世纪之后，来自意大利佛罗伦萨的马基雅维利，尽管他拥有政治家而非军事家的头衔，却仍然强烈意识到，无论面对敌军还是友军，都应严守秘密，直至战事结束，其意义非同小可。这位佛罗伦萨高官假借梅特鲁将军被某个士兵问及何时发起进攻的场景，对其机智巧妙的回答给予了高度赞许："如果我的衬衣透露出何时发起进攻的想法，我会立马烧了它。"

色诺芬也以同样赞许的口吻表述了斯巴达将军克利阿科斯的谨小慎微，以及他在灵活处理战争基本原则时的周到细致，其中最重要的一点就是严守秘密。不到最后一刻，千万不要向对手及盟军的任何人透露消息。波斯帝王派遣的使者提出这样一个问题："如果你们原地不动,休战就有希望;如果你们前进或后退,战争必将爆发。""好吧,"克利阿科斯回答,"如果我们原地不动,停火就会生效;如果我们前进或后退,战争一触即发。"使者听罢追问:"那么我该如何禀报国王?是说休战呢,还是开战?"克利阿科斯立刻做出了同样回答:"如果我们原地不动,则休战;如果前进或后退,则开战。"在回应阿里奥斯(Ariaeus,小居鲁士雇佣的希腊军团指挥官)时,同样的计策也屡试不爽。此人一直是克利阿科斯在居鲁士阵营里的朋友和友军,直到小居鲁士去世。"如果明天我们前来与你们会合,咱们就一起前行;万一来不了,你们就独自离开。"

孙子的做法亦如出一辙:"作为将军,他必须镇定自若,不动声色,简单而严厉。他不向士兵透露任何作战计划,必要时甚至可以蒙骗他们。他还必须经常调整策略,以免暴露意图;不时改动方案和线路,以防对手看出破绽;突然决定发起进攻的时间,就好比一个人猝不及防地蹬掉你脚下的梯子。"

说起严守机密,甚至不惜蒙骗自己的战士,色诺芬一定会而让克利阿科斯因其与中国将军之间的心有灵犀而发出会心的微笑。因为，当希腊雇佣军团意识到，即将与他们开战的正是居鲁士国王本人，而非周边的其他敌人，并以此拒绝继续前行时，克利阿科斯选择了同样的策略。

"见机行事，神秘莫测，"孙子坚持认为，"如果掌握了敌情，同时又严守行动秘密，你就能够集中优势兵力，彻底击溃敌人的有生力量。千万不可泄露进攻计划，这样就可以迷惑敌人，迫使他们分散兵力，多处设防。因此，一定要严守机密。"

战争发生在土地上，其目的也是为了争夺土地。因此，双方参战部队，就必须根据冲突和交战区域的地形变化，及时并适当调整作战方案。"现在可以取消方阵队形了。队伍立刻化整为零，以小组行动取而代之。"色诺芬这样建议众将军。他还补充说，"如遇狭窄地带，或是难以跨越的山脉，整齐的方阵队形就会土崩瓦解。一旦发生此类事情，士兵情绪就将受到重挫，就会无奈地看着整个队伍解体。这种由方阵形成的拖沓战线，特别容易被敌人抓住战机一举攻破。因此我认为，我们必须果断采取合理措施，将部队分散为小分队，抢占周边有利地势，同时保持好小分队之间的空间距离，将拖后部队埋伏在敌阵的外围。"

在孙子和色诺芬眼里,变化多端的地势地貌,形成了争夺有利地形的天然坐标。"穿越山地时,千万不要远离峡谷。营地一定要建在高处,这样一旦开打,就可以居高临下对敌开火。"孙子自然领悟到了这一点。

希腊人在穿越卡尔都人(Carduchians,库尔德人的祖先)的家园时,一方面要尽量避开当地民众的注意,另一方面又必须尽快抢占制高点。经过反复思考,色诺芬决定首先夺取一座山顶,为确保大部队顺利通过占据有利地形。于是,他巧借斯巴达政治宝库中的各种诡辩论点及论据,并用半开玩笑的口吻对其斯巴达同乡克里索福斯(Cheirisophus,希腊万人雇佣军团将军)说:"我总觉得偷越不可能成功。即便有夜幕掩护,我们也不可能在长距离行军中躲过对手的耳目。知道为何我要用'偷'这个词吗?我听说你们斯巴达人从小就擅长偷窃,并以此为荣。照此看来,只要法律允许,偷窃并不是件坏事啊。"听罢,克里索福斯却以其人之道还治其人之身:"可我怎么听说你们雅典人才是偷窃公共钱财的高手呢?尽管法律对小偷实行重刑,可是惯偷的雅典人都是俊杰。

天下皆知,在你们那里,俊杰才被视为有权利和有能力执政的人。因此,这不正好又是一次展示你良好教养的绝佳机会。"

话虽这么说,诡辩依旧是诡辩,战争依旧是战争。前者是语言智慧的游戏,后者是流血牺牲的游戏。"怕死之人,"孙子说,"最有可能被杀。过分贪生怕死,反而容易被俘;动不动就发怒,就会经不住侮辱;如果他是个老实人,就会害怕蒙羞;如果他慈悲为怀,就极易受到伤害。""战场上那些拼命求生的人,往往会胆怯、可耻地死去,"在宣布其出任将军一职的首次演讲时,色诺芬如此慷慨陈词。"然而,对于人类来说,死亡是普遍存在和不可避免的;在我看来,凡是坚信这一点,并为崇高和荣誉奋战沙场的人,往往会健康长寿,在有生之年安享幸福。"

"为了培养士兵的战斗激情和顽强精神,将军应鼓动他们在战场上毫不留情,奋勇杀敌。"孙子建议说。"士兵们,面前这些人,是当下唯一能够阻止我们去往想去地方的人;为了回到家乡的这一天,我们已经企盼很久了。因此,只要还有一线希望,哪怕是活活吞吃了他们,也在所不惜。"面对好战的克而基斯人（Colchians）设下的重围，色诺芬用这样的话语激励士兵。难道说，交战双方都是如此残酷吗？不，事实不是这样。孙子向来要求士兵善待俘虏。而色诺芬呢，尽管他早已料到军事行动的结果，却对以下事件提出反对意见，即仅仅为了教训和恐吓对手，并让他们明白继续顽抗的可悲下场，希腊人就无休止地暴虐已被杀死的提萨斐尼的士兵。

"只要将军把士兵当成自己的孩子一样爱戴，士兵就会心甘情愿跟随将军，赴汤蹈火，甚至不惜牺牲生命。但是，如果我们一边热爱士兵，尊重士兵，另一边却又不懂得如何向他们分配任务，使他们心悦诚服，这些士兵就毫无用武之地。"孙子说。"色诺芬何许人也？"来自拉科尼亚（位于波罗奔尼撒南部）的将军哈尔米诺斯和波利尼克斯好奇地问瑟夫西斯国王。他是雅典将军，曾在他的国家掌管军权并战功卓著，可国王本人却未履行对他的承诺。"总的来说，此人不差，"瑟夫西斯答道，"不过，他太爱他的士兵了。"

"我何时动手打过你们中的任何一个人？"有一次，色诺芬问及手下士兵。事情的起因是这样的：在少数人的怂恿下,他的队伍图谋叛变,甚至某些人还要拿石块砸他。这些叛变者坦承,这么做的目的,是想迫使将军刻不容缓地拯救他们和伤员的生命。"长官情绪失控,表明其耐心已尽,激愤难抑。危难时刻尤其要求服从命令,听从指挥。他必须这么做。"孙子强调指出。

"如果夜晚从军营中传出呼叫,说明恐惧已四处蔓延,"孙子说。"那个夜晚,部队急促前行,"色诺芬讲道,"希腊人内心充满了恐惧。而每当空气中弥漫着这种恐惧时,就会不时传出喧哗和敲击声。乘着队伍鸦雀无声的片刻,克利阿科斯命令侍卫,当时最好的传讯人,来自伊利奥斯的多尔米蒂斯使劲呼喊:将军有令,谁要是供出放跑军中毛驴的那个人,就可以得到一个塔兰同(古代中东及希腊罗马世界使用的质量单位。其实际质量相当于今天的26千克)的奖赏。听此通报,所有士兵顿时打消了恐惧。害怕是毫无根据的,因为将领们都活着。"

从有历史文字记载的那一刻起,作为战争全局不可分割的一部分,间谍工作的重要性和必要性就已凸显无疑。在史诗《伊利亚特》中,荷马用了一整篇讲述谍战,而在另一部史诗《奥德赛》中,他借忒勒马科斯

（Telemachus，伊萨克王国的英雄，奥德修斯的儿子）前往拜访墨涅拉俄斯（Menelaus，阿伽门农的兄弟，海伦的夫君）之机，让海伦大声说出奥德修斯胆大妄为的间谍行为，令宫廷上下为之哗然："他全身上下伤痕累累，衣衫褴褛，就像一个奴隶，悄悄潜入特洛伊。他的这副装扮，瞒天过海，骗过了所有自己人，甚至差点儿就躲过了唯一识破其真相的我。奥德修斯对全境仔细侦察了一番，然后才回到了阿尔戈斯人身边。"

在《伊利亚特》中，亚该亚人（Achaeans，古希腊四个主要民族之一）一度陷入特洛伊人设下的重重包围之中。于是，阿伽门农连夜召集召见国王们，共同商议如何派遣密探潜入特洛伊军营。想到如此大胆的冒险行动，墨涅拉俄斯顿时吓得心惊肉跳。他说："我实在不敢相信，会有人愿意冒险潜入敌阵打探消息。"最终，迪奥米蒂斯和奥德修斯接受了这一使命，并用最好的方法圆满完成了任务。

在希腊万人雇佣军团的远征中，除个别跟踪行为，基本上不存在任何有组织有计划的间谍活动。每个月，甚至每个星期，希腊军团都要与不同对手频繁交战。战斗一场接着一场,对手一茬换了一茬,希腊人根本无法打一场与固定对手的持久战。为此,有组织地打造必要的间谍网络,就失去了任何天时地利的基础。

相反,在孙子生活的年代,群雄争霸,大约有40个强国相互间你争我夺,使得当时的中国成了一张巨大而有组织的、间谍与反间谍网络的温床。如今,就连大名鼎鼎的约翰·勒卡雷(John le Carre,英国著名谍报小说作家)都会为此汗颜。而相比中国帝王指挥中枢的那些五花八门的神奇谍战手段,类似《孔多拉的三日》《巴拿马的裁缝》以及《间谍从寒冷中返回》这样的好莱坞谍战大片,一概相形见绌,尽显苍白。孙子了解并掌握了大量第一手历史军情资料,以便全面阐述他对这一问题的看法。

"料事如神,就能胜券在握。然而,预判未知,并不是源自神或其他灵物,也不可能出自对已有经验的归纳总结和逻辑推理,而是源自对敌情了如指掌。至于如何了解对手的状况和动机,则只能从别处入手。精神世界的认知,建立在巫术和魔法之上;自然科学的认知,建立在归纳和推理之上;宇宙规律的探知,可以通过数学计算来验证;而打探敌人的动机和目的,则只能通过间谍活动来完成。

"什么样的人适合当间谍？敌人阵营里被免职的军官、曾经犯罪获刑的人、贪爱钱财的宠妃、仕途中因怀才不遇而情绪消沉的人、职务任命中被降格使用的人、整天忧心忡忡担心失去权力的人，还是言行善变两面讨好的变色龙？

"间谍思维敏锐，却看似愚钝；外表寒碜，却意志如刚；灵活善变，却充满力量。他精通各式肮脏勾当，善于抵御饥饿寒冷，能够容忍嘲讽和羞辱。

"在所有职业中，对保密程度要求最高的，当数间谍职业。指挥机关建立的最值得信赖的关系，就是与间谍的关系。间谍成了战时至关重要的因素。因为，部队的所有行动计划均依赖他们。"

"而在所有职业报酬中，亦数间谍的待遇最高。间谍本人必须努力学会享受奢华，掌握种种方式和技巧。"孙子侃侃而谈。至于当年打造007特工形象时，伊恩·佛莱明（Ian Fleming）是否从孙子那里得到了何种启发，我们确实不得而知。

以现实精神和天赋智慧，孙子表述了某些与古希腊精神世界以及个人或集体观念截然相反的战争真理。在他的思想体系中，诸如英雄主义、光荣、声望以及死后丰碑这些左右希腊人战争行为的因素，基本荡然无存。在孙子的心目中，只有效率和结果才是审视和研判战争的唯一因素。

"战争向来建立在谎言之上。你能力超群，却要装出无能的样子；你胸有成竹，万事俱备，却要显得无所事事；你已抵近敌营，却要故意造成远在天边的假象；你还离得很远，则要装出一副近在咫尺的样子。诱敌深入，让对手觉得占据了有利位置；迷惑敌人，摆出一副自我阵脚大乱的样子。如果敌人集中优势兵力，你则以防御应之；如果敌人处于强势，你则避而远之；如果敌人情绪失控，你就不停扰之；如果他狂妄至极，你就继续挑逗他的傲慢；如果他得意忘形，你就让他筋疲力尽；如果敌人精诚团结，你就四处散布谣言分裂他们；在敌人猝不及防时，突然出现在他面前，打他个措手不及。

"引起民众纵情欢呼的凯旋，并不意味着最佳战术的运用；将羽毛高高举起，亦不能证实你的实力；两眼看见太阳和月亮，并不等于你的目光足够锐利；双耳听见雷鸣，也不能说明你的听力完美无缺。

"有些人不费吹灰之力，就轻易获胜，还被视为能力超凡，技艺超群。而实际上，他们并没有赢得智者的威名，亦没有赢得勇者的荣光。他们所参加的战斗，其结果本来就毫无悬念。无论采用哪种战术，他们都是胜者。因为，与他们交战的对手，早已精疲力竭，不堪一击。"

"但是，"孙子从一开始就明确指出，"战争是国家的当务之急，是决定生死存亡之地，是生存或灭亡之路。因此，我们不应轻率地看待它。"

# S

## 亚里士多德—荀子

亚里士多德

荀子

撒开可能引起的意见分歧和学术争议不论，我们可以这样说，在热衷古希腊哲学的普通读者心目中，苏格拉底、柏拉图和亚里士多德（Aristotle）这三位思想家，拥有大致相同的哲学命题。虽然他们之间不乏自然和形而上的哲学探索，更不用说以此为主要研究对象的亚里士多德了，但究其核心，仍然是以人为本以及以人性为中心，展开对真理、公平、正义、法律、道德、幸福及其他相关事物的研究。在他们之间，哲学思想薪火相传，承前启后，柏拉图是苏格拉底的学生，而亚里士多德又是柏拉图的弟子。诚然，他们分别开辟了各自的道路，并为共同的哲学宝库增添了新鲜内容。

相比之下，三位中国古代思想家孔子、孟子和荀子则构成了密切相关的三位一体。他们具有大致相同的哲学倾向，都将真理与公平原则当作哲学思想的首要因素。这些原则具体反映在同时代中国社会的礼仪及习俗规范中，并最终形成了以孔子儒家思想为代表的哲学流派。相比之下，三位古希腊哲学家之间并没有发生类似的事情。换句话说，古希腊哲学的时代传承，始终没有产生类似苏格拉底思想或主义这样的说法。事实上，这三位大师的间隔时间较短，因此不存在所谓的时间空窗期，也谈不上自然过渡的精神桥梁。而在中国，三位思想家面世的时间相隔较长。他们甚至互不相识，所以也就无所谓建立直接的师生关系。

亚里士多德和荀子，均在上述哲学体系中排行第三位。他们将现实主义精神和辩证哲学活力引入思维领域，并使自己的观念更加贴近真实世界。一个人无须刻意比较，即可得出结论：在尊重二者文化差异的基础上，两位大师在问题设立、分析及回答上都采用了极其相似的方法。

亚里士多德和荀子均用散文写作。在题材处理上，他们喜欢平铺直叙，语言客观冷峻，表达透明清晰，风格酣畅淋漓。即使是副主题，也会给予局部重视；他们注重实证论据，讲究细节刻画；他们不以对话形式展开讨论，尤其注重遣词造句和意义精准；他们对自己的叙述及表达方式明白无误,格外小心语言的内在逻辑顺序;他们广征博引古籍善本或前人著作,对自己的肯定或否定态度开诚布公,并在此基础上阐明思想主张;他们时常引用先人话语,同时兼顾论及不同时代人物人对这些话语的不同见解。通过这种方法,二者有效传承了前辈的科学及哲学传统,全面提供了有用的历史信息来源。总而言之,他们两人均属系统性写作的哲学家。

他们时常采用简明扼要的手法来表现历史事件,同时传递出更多附加的价值信息。"欧布洛斯成了阿达内阿(Atarneus,小亚细亚的古希腊城市)的统治者,"亚里士多德说,"此刻,阿夫托弗拉达蒂斯萌生了武力围攻并占领这座城市的念头。欧布洛斯得知消息后,立刻劝告对方三思而后行:你该好好想想,一旦挑起战事,到底需要多少时间和财力,才能达到占领的目的。当然,他还不忘建议后者立刻取消攻占阿达内阿的计划,以便至少能够保存现有实力的一半,否则全部人马将会丧失殆尽。阿夫托弗拉达蒂斯听罢考虑再三,最终放弃了围城的念头。"

"在一次蜿蜒崎岖、歧路不断的远征中,杨朱束手无策,进退两难,"荀子说。"如果我错走半步,醒悟时就已差之千里，"杨朱心有余悸。"这可是个事关荣辱、安危、生死的十字路口啊！然而，我们的统治者上千年来都没意识到这一点，"中国的圣贤指出。

公元前310年，荀子出生在赵国。有关他的生平记载凤毛麟角，甚至现有史料也遭受质疑。他曾三次在齐国国君扶持的最高学府担任祭酒一职。后来齐国并入楚国，荀子出任兰陵县令，之后淡出公共生活，于公元前230年黯然离世。

在《天论》篇中（无巧不成书，亚里士多德也曾著有《论天》一书），荀子做了一次充满哲学现实主义精神、令人心悦诚服的演讲。他的信仰及主张隔空遇见了来自斯塔基拉（希腊古城，位于中马其顿）的哲学家亚里士多德，"除非出现某种逆反，否则，大自然不会徒劳无益"。在荀子的心目中，天，即大自然，拥有自身的法则，来自人类的任何外力都无法左右它的运行。倘若人们遵守大自然的秩序，一切都将风调雨顺，否则就将灾难频发。该耕地时耕地，该松土时松土，该收获时收获。而诸如干旱、少雨、风冻、月食、地震这样的歪理，都是懒惰的借口。

"天有其时，地有其财，人有其治。"各种蚀之天象、地震、洪水、昼夜交替，所有这一切都有其内在原因。而人类则应理性应对，正确看待这些日常现象和困境。世上没有任何东西是超自然的，或源自某种神力；也没有任何东西隐藏在自然表象之后，且得不到解释。上天无意干扰人类的活动，亦不代表某种至高无上的道德准则；它不过是宇宙运行的一个代名词，即亚里士多德所说的"生命在于运动"。道德比喻和超然解释都是人类大脑的产物。

"的确如此，彗星突然陨落，树木沙沙作响，此类自然现象都会引起人们的恐慌和惊悚。其实，这种想法大可不必，且毫无道理，"荀子解释说，"此类现象总会发生，且每时每刻都在发生。至于它将造成怎样的后果，完全取决于人类在应对时所展现出的管理及组织能力。祈求天降甘露是荒诞之举。无论我们如何祭拜，老天想下雨就下雨，不想下雨，再怎么祷告也无济于事。"老天不会为此开恩动容。当然，有时人们这么做，也是迫不得已，但这仅仅是一种日常农耕礼仪及习俗罢了，根本起不到让大自然回心转意、大发慈悲的作用。

在很大程度上，中国古代思想与宇宙能量对人类施加的影响有关。所谓的阴阳理论和五行学说，即金木水火土，源自中国古人对宇宙万物不断运动的基本认知。为了自身利益，家庭、社会及国家的利益，人类理应充分领会万物皆流这一真理的确切含义，并在充分理解的基础上引领历史的发展。也正因为此，向这一强大主导地位发起挑战，才需要超凡脱俗的智慧和勇气。众所周知，儒家学派通常是借助道德良政来权衡阴阳作用的；可同属儒家学派的荀子，却在这一点上传承了法家思想。对于"天地之变，阴阳之化"的宇宙自主运行的力量，人不应承担任何责任。"所谓阴阳解析、占卜求卦、驱魔降妖以及预测风调雨顺或天灾人祸，都是民众的偏见和迷信。"荀子告诫人们说。

荀子坚持主张，整个政府管理机构及层面，无论是内阁大臣、地方大员或乡镇小吏，都应正确有效地履行职责。防洪渠道必须坚实牢固，水坝桥梁必须状态良好，条条马路必须畅通无阻；农耕紧随季节，工匠打造货真价实的工具；商品交易通畅，商品种类繁多；住宅和集市受到有效保护，免遭抢劫；暴力得到镇压，民众享受教育，法律和政令得到顺利执行，"这样一来，剩下的那些跛脚女巫和残疾巫师的破事儿，也就无人问津了"。

在关乎人性，以及人性在社会及政治生活中的重要性问题上，荀子的观点完全不同于孔孟。孔子和孟子认为性本来是善的，却被日常所困扰。荀子的态度则不然。他认为，人的本性是恶的，而后来出现的善，都是靠努力教育才获得的。从呱呱坠地那一刻起，人的行为就具有自发性，天生就带有逐利、叛逆、暴力、不公、挑衅以及自私的倾向。无政府思想、反社会情绪、自我膨胀和个人利益至上，一并构成了人的基本特征。由此可见，法家商鞅对荀子的思想形成施加了极其重要的影响。

然而，通过智者仁人的指导，社会完全可以因人施教，培养并引领他成为社会及政治存在的一部分。因为，除了本能，人还拥有理性，因此能够领悟一个社会组织合作的必要性。在这个过程中，礼仪、习俗和音乐起到了巨大作用。

在亚里士多德和荀子看来，音乐是人类情感的表达方式，同时也具备了重要的教育功能。因此，中国哲学家主张，音乐和旋律不应诱发品行堕落和道德沦丧，而应有助于创建社会秩序及和谐运行的组织。在此方面，荀子的观念与墨子形成了鲜明的对比，后者始终将音乐视为无用之物。荀子认为，音乐如同社会。社会存在差异，社会和谐需要确立不同等级和角色分配，而为了达到和美，乐曲则需要准确调音，让每一件乐器相应发声。鼓声有力而长久，是整个音乐的灵魂；钟声丰满而慷慨，如同广袤大地；磬声清脆而平稳，仿佛行云流水；箫声则是星辰、太阳和月亮，肃穆而有分寸；笛声沁人心脾，琴声温柔典雅，琵琶好似女人的甜美，长笛就像渐渐飘散的薄雾。完美的音乐可以激励民众的斗志，赋予他们保家卫国的勇气，而糟糕的音乐则会让人们堕落和胆怯。

假如说柏拉图称呼亚里士多德为"论文头脑"，并因后者对学识的废寝忘食称其住宅为"读者之家"，那么，荀子则在著作开篇就充分展现出学习的欲望和认知的幸福。他的目的就是要通过学习获取知识，成为一个高尚和完美的人。这样的人对朋友专心致志，与腐败堕落毫不相干；这样的人诚恳对待批评，认真听取意见，不吹嘘，讲真话，开诚布公，思想解放。相比之下，卑微的小人则生活在惶恐和焦躁之中。他们仇视对他们善意提出批评的人；他们狼心狗肺，却又不愿被人称作嗜血成性；他们阿谀奉承，听不进任何反对声音，拒绝任何洗心革面的努力。完整的人善于利用周边事物，而卑鄙的人总是甘做事物的奴隶；完整的人始终追求深刻、细致及清晰的语言，尤其注重词汇精准和表达恰当，以便准确阐明自己想要表达的思想，而愚蠢之人一开口便混乱不堪，词不达意，言语中充满了分歧、断裂、霸道和浮躁；他们从不关心在说什么，只顾一时的快感，却对自己的肤浅思想浑然不知。

在亚里士多德和荀子看来，语言及说服艺术或曰演说术，都是辩证艺术。但在荀子那里还要附加一点，即这还是一门教育艺术，其共同领域就是寻求真理、高尚道德及社会和谐。荀子认为，词意的最终确定，必须有助于人们沟通顺畅，有助于统治者实行管理。"语言清晰明了，为的是准确表达利弊，当然也包含了公平与不公平。"亚里士多德坦言。"任何篡改词意的企图，"荀子补充说，"都是巨大的过失，甚至可以说是犯罪，如同伪造度量衡一样。当词意被视作儿戏随意篡改时，一个民族或国家就无法得到正常的管理。词汇和语句都是思想的表达工具。此外，话一出口，并且得到了对方的理解，你就必须住嘴了。继续说下去就是多余的。"

如同孔子，荀子所提倡的亦是君主统治的贵族制。这个体制无法容忍任何对社会等级划分的质疑。过分平等反而会破坏平等。然而，从孔子到荀子，时间过去了两百多年。在此期间，中国的政治哲学早已得到了众多思想家的极大丰富，其中不乏古代中国哲学领域的关键及领军人物。

法家和道家对荀子的影响是显而易见的。荀子以现实主义态度修正其对现实社会的看法，并赋予法律极大的重要性。荀子一贯秉持法家的座右铭：没有法律，人们只能盲目前行。法律是国家的生命，是政权的基础，是公民的卫士。一个人如果失去法律的保驾，同时还想有效实行统治，终将是徒劳无益的。这就好比他希望通过禁食填饱肚子、脱去衣裳抵御寒冷、心想北方却走向南方一样。同样，如果法律有误，治理国家也将是徒劳无益的。这就好比一个人没有磅秤却仍要称准重量一样。然而，在刑法执行上，荀子却持不同见解。他认为刑法应该根据犯罪事实及程度以及针对罪犯本人来量刑。他坚决反对集体联保责任，以及在此基础上所认定的一人犯罪全家遭殃的重刑。

如同商鞅，荀子也对一个统一的中国缺乏中央集权而深表遗憾。绝非偶然的是，日后，他的两个弟子，韩非子和李斯，作为著名法家人物，在创建统一中央帝国上起到了关键作用。

在相当长的一段时间里，荀子的光芒盖过了孟子。这就好比在中世纪，亚里士多德的光芒让柏拉图黯然失色。荀子的理性主义、宗教理念、对社会人群的认知、对历史文化的敏锐，以及对礼仪习俗的遵从，所有这一切都将儒家思想带入了一个新的历史现实之中。随着新儒家思想在10至12世纪的崛起，孟子再次走向前台，取代了荀子的地位。尽管如此，对后人产生最大影响的儒家思想家非荀子莫属。如今，西方的许多汉学家也都一致认为，荀子是中国的亚里士多德。

公元前384年，亚里士多德出生在希腊北部哈尔基迪基半岛上（Chalkidiki）的斯塔基拉。其父尼科马库斯来自一个身兼医师和特洛伊战争英雄的马哈奥纳斯家族，曾出任马其顿国王阿敏塔斯三世的御医，后者也是马其顿国王菲利普二世的父亲以及亚历山大大帝的祖父。众所周知，亚里士多德也是亚历山大大帝的家庭教师，执教长达6年之久。他从小就失去父母，被父亲的一个当时在小亚细亚阿塔尔纳出任领事的好友抚养成人。17岁那年，亚里士多德前往雅典柏拉图学院学习。

亚里士多德一生致力于人类社会与自然的多学科研究，先后创作了400多部著作，其中绝大部分后来都丢失了，只有小部分留存至今。而这还要归功于一种奇特的保存方式，即学校用于教学的"内书"，而非公开出版的"外书"。亚里士多德的哲学思想及其讲学，深刻影响了后来几个世纪乃至中世纪晚期的哲学、神学和科学。理所当然，现代政治哲学时常也会提到他。

在《物理学》一书中，亚里士多德将宇宙视为一个永恒、未出生及不朽的整体。宇宙非创造所为。它既不出自神，也不出自人。运动是宇宙的特征。不管现在还是将来，只要宇宙存在，就会有运动和变化。这里所说的变化，不仅是指物体两点之间的移动，而是指生、死、增、减、变这一系列的转化过程，以及永恒时间中的永恒运动。亚里士多德一直追寻这个永动的原因，并最终在"先是自身不动的推动者在推动"中找到了答案。他称这个起始为"神"，并赐予它知性、自足和幸福的特征。所谓

"不动在推动",表明神在推动宇宙的同时,自身却岿然不动。神拥有"不动在推动"的神力说明了一个事实,即它从遥远的地方控制着宇宙的运行,而自身却不受影响。这就是从未创造宇宙的神,从不干预宇宙的神,从未关照人类的神,与人类命运毫不相干的神。

来自斯塔基拉的希腊哲学家苦苦追寻着事物的本性,这个本性,"我们再说一遍,正是万物的起源"。由此可见,如今拥有社会组织的人类,正是从此基本原点出发的。他的观点虽没有荀子那般犀利,但也不为善意而让步。亚里士多德始终从法律和政治入手来观察人性。在他眼中,人类一旦实现自我完善,就会高于一切;反之,如果人类脱离了法律和正义,就会恶贯满盈。大多数人故意犯罪,皆因利欲熏心和贪图钱财;而有些罪大恶极之人,仅仅是为了获得一些毫无必要的多余之物。欲望的本性是无度的,而大多数人仅为满足欲望而活在世上。满口谎言和阿谀奉承均来自人心恶念。一个人提倡法治社会,就好比要求这个社会只能由神力和理智来统治;而那个下令只能由一人专政的人,就好比在自己身边养了一头野兽。因为,人的欲望无异于野兽的欲望,一旦突破极限,就会毁掉一朝成为王者的高尚灵魂。法律是摆脱了欲望的理智，而一个人想要学会服从法律，其唯一方法就是习惯，一种只能通过长期积累、多年形成的习惯。所以，如果我们随意废除现有法律，制定新的法律，就会削弱法律的力量。在荀子看来，法律就是统治之路的天平；而在亚里士多德眼中，法律就是政治中庸的天平。

假设荀子对孔孟有关性本善的观点持怀疑和否定态度，亚里士多德则对苏格拉底和柏拉图有关理想国的观点同样持否定及批评态度，就像《理想国》展现的那样。值得一提的是，亚里士多德时常会把斯巴达政体描绘得一无是处，"一个没钱的国家，却养了一群贪钱的公民"。正是这样一个国家，居然成了其老师勾兑理想国概念的楷模。

正如《政治学》中所表现的那样，亚里士多德始终在阳光下观察、验证和判断。他始终直视人的真实面目，而不是偷窥洞穴深处的阴影或投影。这里指的不仅是妇孺及财产共有的问题，对此他一贯持反对态度。而是想要说明，柏拉图提倡的理想国与真实世界和真实人类毫无干系。通过研究有史以来以及他所生活时代的城邦及帝国政治,亚里士多德将"人是政治动物",即人希望生活在社会群体中设为他的思考出发点。当然,这不仅是考虑到满足物质需求或保全生命及财产。"对于心怀坦荡和向往自由的人来说,追求实际及务实主义均不合时宜。"出于灵魂需求和完善内心的原因,人类希望生活在群体社会中,否则,"那个想要独自生活的人不是神就是兽"。亚里士多德这样认为。在这样一个社会里,美德、哲学和法律构成了保障社会稳定的基本成分。

亚里士多德将史上政体划为三种:皇室、贵族和宪政,由此又变异出独裁、寡头和民主三种统治。较之封闭的中国古代社会,亚里士多德展示出了可存续国家组织形态的丰富多样性。古代中国的国家组织经验,局限于不同朝代土地封建贵族辅佐的皇权制以及由此变异的独裁统治。

在依次展示并分析了各政体正负面因素后,亚里士多德自然得出这样的结论:那个更加尊重自由权利的政体就是宪政,是民主的健康形式。在这样的民主制度下,以杰出统治者为首的多数人占据着统治地位。而统治者的产生不是基于财富或贵族头衔,而是基于知识和美德。亚里士多德还从多方面考虑并得出以下结论：无论是统治者还是被统治者，所有公民均享有同等权利。人人平等意味着身份认同，而一个违背公平正义的政体是无法存续的。此外，真正的民主应当尤其关注百姓疾苦，切不可让他们陷于贫困。因为，广大民众的贫困会极大削弱民主的力量和质量。

亚里士多德深悟人类社会及政治组织的经验及教训。他注意到每个民族都有自己值得拥有的政体，且不会轻易屈服于某些个人意志。他们会以中庸原则为尺度，在允许事物自然生存及发展的同时，不断衡量现实生活的态势。这一原则就是用来平衡每个社会及政治关系构成的对立两极，并且同样可以用来衡量个人的品格和性格。比如，勇敢是衡量胆小与胆大的正确尺度，慷慨是衡量吝啬与浪费的正确尺度。以此类推，一个社会拥有一个强大的中间阶层，这对社会及政治的平稳将起到决定性作用。

作为《逻辑学》的系统学者及同名著作的作者，亚里士多德也没有忽略情感，即《心理学》对政治问题熵变的重要意义。他曾举例说明："愤怒时常与仇恨纠缠在一起，激情往往比仇恨更加剧烈。激情会让理智丧失,愤怒会被攻击行为不断煽动。在这种情况下,攻击必然愈发惨烈。正是出于这个原因,庇西斯特拉图斯(Peisistratus,古代雅典的独裁者)儿子的独裁统治才被推翻。尽管如此,仇恨要比废除独裁来得更加危险。因为,愤怒往往源自某种悲伤情绪,且不断打压理智,而敌意则不会受到悲伤情绪的影响。"

在古代中国,从三皇五帝,古籍善本,例如《礼记》,直到孔子后时代的伟大思想家,音乐都在社会组织及运行中发挥着决定性作用。这一点同样发生在从荷马到苏格拉底后哲学家的古代希腊。

在此方面,亚里士多德与荀子走了一条大致相同的道路。希腊哲学家从简入手,认为音乐可以带来愉悦,短暂释放疲劳,营造欢乐气氛。更重要的是,音乐还具有教育功能,参与道德和灵魂修行,因此理当作为教育财富大力普及。

人类的终极目标是幸福。幸福的定义是内心充实,实现最高层面上的自我认知。而在整个过程中,音乐可以助力这一目标的实现。"当然,我们也可以假设,在我们与和声及节奏之间存在着某种关联。因此,许多智者都认为，灵魂在某些人看来就是和谐，而在另一些人看来则具有和谐。"由此可见，亚里士多德将音乐与人类社会的国家组织相提并论并不见怪："如同音乐中发生的那样，所有的编排都是微有偏差的完美和谐，所有的政体也都是微有偏差的完美政体。当统治偏向集权、崇尚极权时，我们则拥有寡头政体；而当治国方略更加自由温和时，我们则拥有民主政体。"

公元前323年，亚历山大大帝去世。消息传来，那些反马其顿党的追随者们认为时机已到，可以打击亚里士多德，并借此报复马其顿人了。神职团体也开始谴责他"亵渎"。亚里士多德预料到了原告的真实动机和企图，赶在审判前逃往哈尔基达，避免了雅典人在其身上重蹈苏格拉底的覆辙。一年后，亚里士多德离开了人世。

# 译后记

翻译此书，主要出于如下两个原因：一是作者在认知中国古代思想上的传奇路径，二是他在中希古代思想比较研究上的独特方法。

卡夫德拉尼斯先生来自希腊西北山区。小时候，父亲指着家中墙上的世界地图告诉他，在遥远的东方有个中国。学生时代，他偶尔听到并记住了孔夫子、毛泽东的名字，还有土耳其诗人希克梅特的诗句：我的心，一半在这里，一半在中国。进入大学，课堂上只讲希腊及欧洲文明，极少提及东方文明。1987年，作者前往法国巴黎南泰尔大学深造读研，却无意间打开了一扇通往中国古代思想的窗口。汉学教授开设的中国古代政治思想课程，唤醒了他的早年兴趣，填补了他的知识空白，并最终坚定了他毕生从事中希古代思想比较研究的决心。从此，他开始大量阅读有关史料和书籍。在巴黎鲁道夫王子街的一家中国图书书店内，他惊喜地发现了课题研究所需的相关书籍：一批由16、17世纪进入中国的耶稣会传教士利玛窦（Matteo Ricci）、汤若望（Johann Adam Schall von Bell）和南怀仁（Ferdinand Verbiest）等人翻译的中国古籍，例如《诗经》《史记》《论语》《孙子兵法》以及老庄、墨子、荀子和韩非子的著作。这些翻译图书，大都采用了古汉语、拼音、法语和拉丁语的印刷对照形式，为西方读者的阅读提供了极大的便利，也为后来的西方汉学研究提供了翔实的参考文字。如今，这批珍贵图书早已随同作者从塞纳河畔回到了希腊老家，并将永远陪伴他去完成毕生的夙愿。摆在我们面前的这本译著：《当苏格拉底遇上孔子——希腊与中国思想家的跨时空对话》，就是作者近年来苦心钻研的结晶。

不难想象，无论当年西方传教士的翻译动机如何，他们的努力肯定是异常艰辛的。尤其在语言表达方式的差异上，西方人的抽象和东方人的意象，无疑构成了文字理解和语言转换上的主要障碍。"治大国若烹小鲜""道可道，非常道；名可名，非常名"，类似的表述，一定令这些传教士们在翻译上绞尽了脑汁。

而难以想象的是，当年西方传教士翻译的古汉语图书，几百年后又被希腊学者发现，并被用来从事中希古代哲学思想的比较研究。当我们惊奇地看到，当年的古代汉语，经由拉丁语或法语，再转换成希腊语，最终又译回现代汉语时，不禁感悟到文字翻译在文明传播过程中的特殊地位和无穷魅力。文明是宽容、包容和从容的，是一股积极向上的进步力量。而作为文明发展重要载体的语言文字本身，在其互译过程中相互交流，相互应验，相互借鉴，并最终孕育出新的认知。

公元前6至前3世纪，在中国和希腊、这两个当时从未有过交集的地理人口及文明圈内，同时发生着一场对未来人类发展与进步产生巨大影响的思想变革。正是在这样的时代大背景下，作者围绕该历史时期出现的20位思想人物，采用两两对应的比较写法，紧扣某个核心主题，展开由浅入深、形象生动的比较研究。这一研究不仅让我们看清了数千年前在中国和希腊平行发生的某些历史事件，而且有助于加深及提高读者对以往阅读体验的认知。难道不是吗？当我们把老子的"道"与赫拉克利特的"理"（Logos，中文又译作"逻各斯"）放在一起加以诠释的时候，必将发现它们在意义上的异曲同工及互鉴互补。"道"乃天道，"理"乃天理，合二为一，即为道理。在此，老子和赫拉克利特从各自民族的语言宝库中巧借了一个平常字，却以这种极简的方式表述了朴素的辩证法思想和伦理道德思想。在老子和赫拉克利特生活的年代，哲学仍处在萌芽状态，科学还有待揭开神秘的面纱。于是我们看到，两位智者隔空神往，心照不宣。在他们的脑海里，"道"与"理"珠联璧合，交相辉映，共同体现了宇宙万物对立统一的运行规律，共同构成了至高无上的道义和法理。

中国和希腊同样拥有五千多年的灿烂文明，是地中海文明圈和喜马拉雅文明圈的集大成者。纵观历史，华夏文明和希腊文明生生不息，源远流长。这在极大程度上归功于两个民族语言文字的功力和活力。从某种意义上讲，语言的生命力决定了文明的深度和持久，并在文明进程中起到至关重要的作用。众所周知，汉语和希腊语是目前世上仅存的、在其历史演进中从未间断的两种古代语言。以《诗经》为代表的古汉语，以及以《荷马史诗》为代表的古希腊语，为两国文明的世代传承奠定了厚重牢靠的语言基础。因此，中国和希腊的比较研究，仅从语言文字发展同步这一点看，就具备了多领域及多层次的广阔空间。卡夫德拉尼斯先生的这本书，正是从这一角度出发开了一个好头。

刘瑞洪

2022年5月8日于雅典